関根　勤の嫌われない法則

まえがき

大学3年生だった1974年12月。

僕は修業もせず、師匠もいないまま、まったくの素人として芸能界に入りました。それからもう50年余り、この世界で芸人をやらせてもらっています。

デビュー当時の芸名は、ラビット関根。カマキリ男で名を馳せたものの、ギラギラした目とアクの強い芸風で「気持ち悪い」と言われていました。

やがて師匠と呼べる人と出会い、芸名を本名の「関根勤」に変えて以降、いつの間にかアクが薄まって、「結婚したい男性」と言われるほどになりました（一部の地域・特殊な環境の中で）。娘が「関根麻里」として芸能界デビューしてからは、「仲良し親子」の印象が定着し、ベスト・ファーザーイエローリボン賞までいただきました。

仲間と呼べる芸人さんもたくさんできて、最近は彼らがこんなことを言ってくれます。

「関根さんの悪口を聞いたことがない」

「関根さんを嫌いな人は芸能界にひとりもいない」

まったく自覚がないのでよくわかりませんが、もしそうだとしたら、それは僕が生まれ持った生来の人間力の賜物……ではありません。

トラウマ級の出来事を乗り越えて、いろいろな人に支えられて、今の僕があるのです。

どうやって「嫌われない関根勤」が出来上がったのか？

それが、この本のテーマです。

関根勤という男の人生を紐解いていくと、その答えが見えてきます。

キーワードは「笑い」と「想像力」と「共感力」。

人間関係で悩んでいる人、毎日楽しく生きていきたい人に、ぜひ読んでいただきたく思います。

令和六年吉日　　関根 勤

Contents

第2章

順風満帆とはいかなかったからこそ、実り多かった若手時代

第3章

僕が「嫌われない芸人」と言われている理由

第4章

関根家の子育て論。妻と子どもと孫への愛

第1章

恋も勉強もダメだった僕に差した、お笑いという光

すでに「人生が辛そうな顔」をして、体中からマグマを爆発させてた3歳の頃

4人兄弟の末っ子として、僕が関根家に誕生したのは昭和28年のこと。消防士だった父と、専業主婦だった母に可愛がられてすくすくと育った……と思うのですが、僕自身、幼少時の記憶があまりないんです。

そこで、幼稚園のときに家族ぐるみで付き合っていた同級生の女の子に再会した際に聞いてみました。

「小さい頃の俺ってどんな感じだった？」

すると「勤君、いつも眉間にシワを寄せていて、人生が辛そうな顔をしていたわよ」と言うんです。

そういえば僕がまだ3歳か4歳の頃、家庭内に不穏な空気が漂っていたような……。詳しいことはわかりませんが、どうやらいわゆる「嫁姑問題」が勃発していたらしいのです。その雰囲気を察知していたのか、当時の僕は眉間にシワを寄せて、しょっちゅう「わ

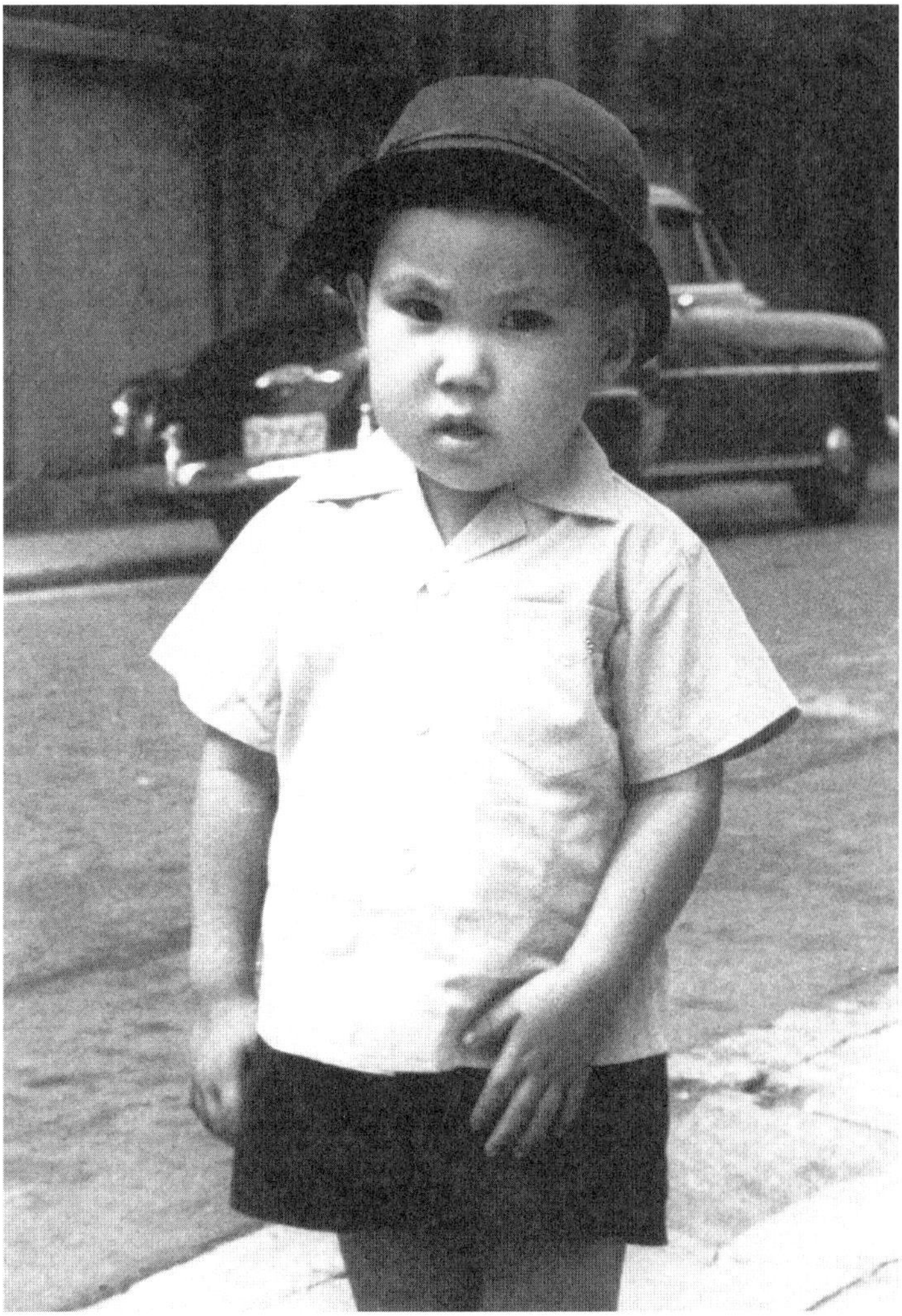

3歳の頃の僕。つねに眉間にシワが寄っていました

〜〜〜〜！」と大声で怒鳴ったり、地団駄を踏んだりしていたそうです。

その頃ちょうど、父が1週間入院するにあたって家族一人ひとりに手紙を書いてくれたことがあったのですが、僕に宛てた手紙にはただひと言「勤、怒鳴るなよ」と書いてありましたし、後に母からも「あの頃の勤は両足を地面につけたことがないくらい、いつも落ち着きなく動いていた」と言われたことがあります。

どうやら僕の内側には、マグマのようなエネルギーが存在していたようです。それが家庭内のイザコザによって発動したものか、あるいは生来の個性なのかはわかりませんが、末っ子で甘やかされていたので、そのあり余るエネルギーを遠慮なく、自由に表現しても怒られることはありませんでした。

嫁姑問題のストレスを間接的に浴びてはいたものの、幸いなことに兄貴も姉貴も優しく、親父もおふくろも惜しみなく愛してくれたので、心は歪みませんでした。

時々、この生き馬の目を抜くような芸能界で、自分が50年間も生き残ってこられたのはなぜなのだろうと考えることがあるのですが、3〜4歳の僕が抑えきれずに爆発させていたマグマのようなパワーが、原動力になっているのかもしれません。

僕をお笑いの世界に導いてくれたのは、センス抜群だった同級生の遠藤君

僕は今でも「キェ〜！」とか「オベジ〜！」とか、意味不明な擬音を叫ぶ芸風を続けていますが、もしかしたらそれは幼少時のマグマの影響かもしれません。

ただひとつ言えるのは、そんなストレスフルでネガティブだったマグマを、いつの間にか笑えるポジティブなマグマに変換することができていた、ということです。

なぜ変換できたのか？　それはおそらく、小学生時代から始まった「笑い」への飽くなき探求心なのではないかと思うのです。

僕は小さい頃から、いわゆる「テレビっ子」でした。

視聴するのはほとんどお笑い番組やバラエティ番組。『シャボン玉ホリデー』や『大正テレビ寄席』、『巨泉・前武ゲバゲバ90分！』といった番組には、もう釘づけ！

だから芸人という職業を選択したとも言えますが、もうひとつ大きな理由があります。

それは、小学校時代から大学生になるまで、とにかく面白い友だちに恵まれていたとい

うことです。

中でも忘れられないのが、小学校の頃に出会った遠藤君という友だちです。僕がお笑いの世界へ進むキッカケを作ってくれたのは、彼だと言っても過言ではないでしょう。授業の終わりを告げるチャイムが鳴ると、僕らは猛ダッシュで屋上へ行ってドッジボールを楽しんでいました。

ところが遠藤君は、誰かが投げたボールを受け止められずに胸ではじき返してしまうと、突然人が変わったようになって「お前はぁ〜、俺の胸の金魚ちゃんを驚かしたなぁ？オレのポパイ投げでシビれろ〜！」と、ワケのわからないことを言ってすごいボールを投げ返すんですよ。

ある意味コワいのですが、すごい発想でしょ？　胸の中に金魚がいるんですよ？

そして休み時間終了のチャイムが鳴るや否や、遠藤君は誰よりも早く教室に戻るのですが、そのときも「ビケは〜、ビケは〜、ケツっぺた〜！」（※ビケとはたぶんビリのこと）などと言いながら、教室のドアの前で暴れ馬のように後ろに足蹴りして他の生徒を入れないんです。その他にも、眉毛に手の小指を返しながら当てて「マッカー返し〜」と言ったり、クラスメイトの名前の頭文字をすべて「な行」に変換して呼んだり、「こやま」だと「のやま」、「かわい」だと「なわい」、僕は何故か「ネチ」と呼ばれていました。そして「アフリカ人の歩き方」と言って校庭をずっとジャンプしながら歩いたり……とにかくやることすべてが意味不明で、ただひたすらに面白いわけです。

そんなふうに、休み時間や放課後はバカなことばっかりやって僕らを笑わせて、生き生きしている遠藤君ですが、授業が始まると途端におとなしくなって、先生にあてられて教科書を読むときも、蚊の鳴くような声しか出せなくなるんです。「あれ？　遠藤君、授業中は隠遁の術を使っているのかな？」と思ってしまうほどのギャップ。まあ、めちゃくちゃシャイボーイなんです。このギャップがまた面白くて、僕は遠藤君の虜でした。ちなみに遠藤君は、同じ中学に進学する予定だったのですが、当時の国道の拡張が理由で引っ越してしまいました。

遠藤君とはその後、僕が芸能人になってからある番組のご対面コーナーで再会を果たしています。埼玉県の薬局に勤めているそうですが、テレビの前では猫をかぶっているように見えましたけどね。

遠藤君は、現在活躍している芸人さんに例えるならば、ロバート秋山君とか、ハリウッドザコシショウとか、ランジャンタイの国崎君みたいな人でした。僕が秋山君や国崎君の

ような芸風が大好きなのは、確実に遠藤君の影響でしょう。

いやもっと言えば、遠藤君の影響でお笑いの道に進んだのだと思います。

「ウケる喜び」に目覚めた中学時代。千葉真一さんのモノマネもこの頃生まれる

中学に入学したら、今度は林君という友だちと仲良くなりました。

中学2年生のあるとき、音楽の授業で全員にカスタネットが配られたことがあります。僕はとっさに、おふくろが大ファンだった西郷輝彦さんの『星のフラメンコ』という曲を思い出し、林君に突っ込まれようと、

「林！　♪好きなん〜だけど〜♪（パンパンパン）」

とカスタネットを叩いて見せたら、林君が椅子から転げ落ちて笑ってくれたんです。

それまで僕はテレビの中の人たちに笑わせてもらっていたのに、こんな稚拙な芸で初めて他人の笑いを取ったわけです。このときの快感は、今でも忘れられません。

「ウケるって、こんなに楽しいんだ！」

と、味をしめたんですね。

そこから僕は、本格的に笑いの世界へハマっていきました。

毎週日曜日には当時大人気だった『大正テレビ寄席』を必ずチェックして、声帯模写が得意な芸人さんのモノマネを研究しては月曜日に学校へ行くとすぐに林君を呼んで、いろいろな人のモノマネを披露します。すると林君は、大して似てもいないのに腹を抱えて笑ってくれるんですよ。

そんなことを毎週やっているうちに何となくコツがつかめるようになり、当時から千葉真一さんや中山仁さんなどのモノマネができるようになっていきました。

面白いのは、いつも僕のモノマネで大笑いしていた林君も、いつの間にかコツをつかんでモノマネができるようになっていったことです。しかも原田芳雄さん、王貞治さん、モハメド・アリなど、僕がやらないようなモノマネや形態模写を始めました。

高校では別々の学校に進学したものの、僕と林君はコンビを組んで、お互いの知人のいる高校に話をつけては文化祭に出演するという、今で言うところの「営業」というやつも始めました。自分たちと同学年のヤツがモノマネを披露するということで期待感が薄かった分、どっかんどっかんウケまくって、僕らはどんどん調子に乗っていきます。この文化

祭での体験もまた、僕をお笑いの道に進ませた大きな出来事だったと思います。

19歳で結成したお笑いグループ、「目黒五人衆」が100人にバカウケ

大学時代は、林君が連れてきたお笑い好きの友だち3人を加えて「目黒五人衆」というグループを結成しました。名前の由来は、5人中4人のメンバーが目黒区在住だったからです（僕だけ港区）。

当時の僕らは19歳。いわゆるトンがっている年齢です。

「日本人なのに、何でザ・タイガースとかザ・スパイダースとか英語のグループ名ばっかりつけたがるんだよ！　やっぱり俺らは日本人としての気概を見せなきゃ！」

命名には、そんな動機もあったと思います。今思うと、かなりダサいです。

目黒五人衆はそこそこ名を馳せて、いろいろなイベントや学園祭などに呼ばれて出演していました。僕の記憶では、おそらくウケなかったことはほとんどなかったと思います。

そんなある日。場数を踏んで自信がついてきた僕らは「やっぱり自分たちで主宰したお笑

いライブをやらなくちゃ！」という話で盛り上がり、当時１日５０００円で借りられた「目黒福祉センター」で単独ライブを開催することになりました。公演名は「喜美談語（きびだんご）」。やっぱりかなりダサいです。

しかして、ライブは大成功。何と１００人以上のお客さんで会場が満席の中、ウケまくって終了しました。これは、目黒五人衆の活動の中でもいちばんの快挙だったと思います。かといって、全員がお笑いの道を目指したわけではありません。大学３年生になると、そろそろ就職活動を考え始めるメンバーもいたことから、僕らは解散を決めました。

「だったら、解散式は神津島でやろうぜ」

ということになったのですが、それは５人とも彼女がいなかったので、解散式と称して夏の神津島で女のコと知り合おうという理由からです。幸いなことに全員が一応ナンパに成功し、宿泊していた民宿に連れてくることができました。けれど、そこからが全然ダメ。色気よりも笑いに走って、結局僕らは女のコと宿泊客の前で目黒五人衆の芸を１時間ほど披露し、バカウケを取って終わりました。まあ、解散式としては最高ですけどね。

ちなみに、その後もお笑いを続けているのは僕と、もうひとりだけ。彼は現在、「柳家小ゑん」として、プラネタリウムなどで落語を披露する立派な落語家になりました。

勉強が全然ダメだったからこそ、娘に勉強の大切さを教えることができた

高校時代は面白い友だちに恵まれ、毎日笑って、毎日楽しんで、ネガティブマグマをポジティブマグマに変換できたわけですが、すべてが順風満帆だったというわけではありません。いやむしろ、笑い以外に誇れる要素はひとつもなかったと言えるでしょう。特にひどかったのが、勉強です。僕は本当に勉強が嫌いでした。

理数系はもちろん、英語も、国語も、社会も、日本史も、世界史も、政治経済も全部ダメ。高校3年生になってもそんな状態で、一体どこの大学を受験すればいいのか。そもそも受験勉強だってほとんどしていないし……どうしようと思っていたときに見つけたのが「倫理社会」という科目です。言葉の響きからして、何となく社会に出ても役立ちそうですよね。

倫理社会で、明治学院大学を受験しました。さっそく参考書を買ってきて半分だけ読んで、翌日には受験。またまた無謀な挑戦です。

ところが、です。英語と国語は全科共通のテストでしたが、倫理社会の答案用紙を見ると、何と問題はたったの2問。しかも論文です。

「エピキュラス主義とストア主義について書け」

「マスメディアについて書け」

エピキュラス？　何のこと？　1問目は白紙。2問目の「マスメディアについて書け」に対してひねり出した答えが、

「テレビは面白い」

絶対に0点ですよね。答案用紙を見た先生も「はあ？」と思ったでしょうね。

英語も国語もおそらく50点か60点、倫理社会は0点だから受かるはずもありません。念のために帰宅してもう一度参考書を開いたら、何と前日まで読んでいた次のページが「エピキュラス主義」のくだりでした。もう1ページ読んでいれば50点くらい取れて「THE ALFEE」の1年先輩として明治学院に通えたのに。あるいはタンバリンを叩くか、バンド付きの司会をしていたかもしれません。

それから2週間後。日本大学の受験があるということで、今度は参考書をすべて読んでから受験に挑み、何とか合格することができました。

よし！　春からはいよいよ大学生だ！

僕の頭の中には既に、加山雄三さんの『若大将シリーズ』みたいな大学生活が浮かんでいました。ポニーテールの女のコと、手を繋いでキャンパスを歩いている妄想を膨らませてオギオギしていたのですが、あるとき、高校からこんな連絡が入りました。

「関根君、単位が1科目足りないからこのままだと卒業できないよ」

僕は大慌てで同級生に勉強を教えてもらい、何とか試験をパスして、ギリギリで高校を卒業することができました。

僕は当時から、お笑いやグラドルのプロフィールに関しては、驚くほどの記憶力を発揮していましたが、勉強ではその特性をまるで発揮できませんでした。

大学に入学しても同様で、在学中に当時大人気だったバラエティ番組『ぎんざNOW！』の「しろうとコメディアン道場」に出演して5週勝ち抜き、初代チャンピオンになって、大学3年生の12月にはその番組にレギュラー出演するようになっていました。

大学に行く気は失せるばかり。まずキャンパスがない。しかも僕が入った法学部には、60人中で3人しか女子がいないから、若大将的キャンパスライフは、絶望的。そんなこんなで大学にはほとんど行かず。それでも卒業することができたのは卒業試験当時、まだくすぶっていた学生運動で試験が中止になり、自宅に問題が送られてきたんです。だから何でもかんでも見たり調べたりして答えを書けるわけです。しかも、「成績優秀」までいただいて……色々と教えてくれた友だちには大感謝。本当にラッキーでした。

これほど勉強嫌いで、四苦八苦していたけれど、大人になってから「勉強ができなくてよかった」と思えることがありました。

例えば、自分の子どもが勉強嫌いで成績が悪かったら、大抵の親は

「何を言っているんだ！　勉強は学生の本分なんだぞ！」

と諭すと思うのですが、僕はその台詞を一度たりとも口にしたことはありません。

なぜなら、「勉強が嫌い」という気持ちがよ〜くわかるからです。

娘の麻里が小学校4年生ぐらいのときに「学校の授業がつまらない」と言い始めたことがありました。そのときの僕の第一声は「わかる！　本当だよな」。勉強がつまらないということに、心から共感したゆえの言葉です。続けて僕は、麻里にこう教えました。

「お父さんも勉強がつまらなかったんだ。でもね、中学は義務教育だから赤点取っても卒業できるけど、高校は進級できないんだよ。お父さんの場合は、何とか卒業できたんだけどね」

「学生の頃は、数学とか国語とか歴史とかを勉強しても、社会に出て役立つことはないと思っていたけど、実際に社会の一員になってみると、実は数学的な思考だとか文学的な思考だとか、科学的な思考で脳の各部分を鍛えておくことによって、将来何かをやりたいと思ったときにフォローしてくれるということがわかったんだよ」

例えば、サッカー選手が腹筋を鍛えても意味がないと一見思うけれど、実は走るときやボールを蹴るときに、鍛えた腹筋が生きてきますよね。しかし、そういうことを僕に説明してくれる人が誰もいなかったから、すべての勉強をサボりにサボってしまったわけです。麻里にはそれを伝えたい。その役割を果たせるのは、勉強嫌いだった僕だけです。

「だからお父さんは、社会に出てすべて一からやり直すハメになったの。それも辛いけど、麻里が大人になって社会に出たらもっと辛いことや、耐えなきゃいけないことがあるかもしれない。例えば部長のパワハラとかダジャレへの対応とかね。つまらない授業を耐えるのは、その練習だから。そう思って頑張れよ」

麻里は納得したような顔をして、以来一切「授業がつまらない」と言わなくなりました。これは、僕が勉強嫌いだったからこそ伝えられた言葉であり、授業がつまらないということに心底共感したからこそ口をついて出た言葉なのです。

もし僕が、常に成績トップのエリートだったら、勉強が嫌い、勉強ができないという子どもの気持ちを理解できなかったでしょう。

だから僕は、勉強ができなくてよかったなと思っています。

あまりにもモテなかった青春時代。女の子を笑わせたのにフラれる

勉強と比例するほどダメだったのが、恋愛です。

何せ学生時代の僕は、「モテる」要素をひとつも持っていませんでした。高校生にとってモテるアイテムといえば「イケメン」「高身長」「勉強ができる」「スポーツができる」というあたりが定番ですよね。

ところが僕はといえば、顔はクドい、身長は平均くらい、勉強は赤点、スポーツはバスケ部に所属していましたが「フェイントの関根」と呼ばれるほどズルばかりしていたし、休み時間も放課後もずっと男友だちとフザけている、という始末。関西では「面白い」というアイテムは通用するけれど、関東では「イケメンで面白い」とか「背が高いのに面白

い」とか、「面白い」ことは付属品扱いなんですよね。

例えば今の僕なら、「僕は結婚したら子どもの面倒をすごくよく見ますよ」と、胸を張ってアピールできますけど、高校時代にそんなことをプレゼンしても女子はわかるはずもなく、「あなたってダサいわね」と言われるのがオチでしょう。

モテるアイテムを一切持っていない僕でしたが、女子には人一倍、めちゃくちゃ興味がありました。今でも覚えているのですが、高校2年生の5月に、突然「男」のスイッチがバーンと入ったんです。あれは、第二次成長期というやつなのでしょうか。

それまでは「彼女ができたらいいなあ」と、半ばファンタジックに思っていたのが、「彼女が欲しい！」「キスしたい！」「エッチしたい！」と明確に、しかもかなり強烈に思うようになりました。それなのにモテないって、辛いですよね。

僕は高校1年生のとき同じクラスだったある女子に、ずっと憧れを抱いていました。ただ会えるだけで幸せだったのですが、2年生になってクラスが別々になってしまったのです。「まいったな、毎日あの子に会えなくなってしまったな」と思いつつ、それからは彼女のいるクラスをのぞきに行ったりしていました。

そんな高2の夏休み。仲間うちで軽井沢にある高校の合宿所に行こうと盛り上がり、僕は思いきって彼女にも声をかけました。実は1年生のときにも同じ合宿所へ一緒に行ったことがあったので、自然な感じで誘うことができると思ったからです。

最初は「行く」と言っていた彼女が、何かの事情で来られないことに。軽井沢の力を借りて勝負に出ようと思っていた僕は、悶々とするばかり。そしてついに彼女に電話しようと決意を固め、会話を想定した台本を書き上げて挑んだところ、デートに誘うことができたのです。

ところが、です。デート当日の僕は胸がいっぱいでいつもの明るい自分を発揮できず、ただ外苑前や銀座あたりを歩いて終わるという結果になってしまいました。その後、2度目のデートに誘うこともなく夏休みが過ぎ、秋になって学校が始まると時々一緒に帰るだけ。心の中では「キスするぞ」などと妄想しているものの、いざ顔を見ると胸がトキめきすぎて何もできず……そうして煮え切らない態度をとっているうちに、僕と彼女の関係は自然消滅してしまいました。

これはいかん！　もっとしっかりしないと彼女なんてできないぞ！

そう自分を律し、今度はちょっとヤンチャな感じの女子を、ちょっとエロいシーンのある映画に誘い、特に問題なく楽しいデートできたな……と思っていたのですが、その後は何

回誘っても断られるばかり。僕は自分を納得させるために、「ちょっと不良っぽいコだったし、これでいいんだ」と考えることにしました。

以来僕は、自分に「引き潮の関根」と命名しました。告白したり、誘ったりするのはよし。でもそこからしつこくするのはダメ。引き際をよくしよう、ということです。

「女性は彼女だけじゃないんだ。他にもいる。強引に口説くと、結局あとでギクシャクするからな！」

そんなふうに考えて、自分を慰めることも覚えました。

一見カッコよく聞こえますが、要はそれ以上嫌われるのがイヤだから、「押さない」ことで自分のプライドを守ろうとしたわけです。

でも、この2回の失敗で気づいたことがありました。それは、「高校時代の女子は精神的な成長が早いから、男子は子どもに見える」ということです。

それで今度は、バスケ部のちょっと気になる後輩に電話して誘ってみようと考えました。当時、僕が持っていたアイテムは「笑わせる」ことしかなかったのですが、その後輩はいつも明るかったので、大丈夫だろうと思ったのです。

予想どおり、1回目の電話でよく笑ってくれました。その2日後に電話をして話したら、また笑ってくれます。「これはイケる！」と確信した僕は、3回目の電話で「今度の日曜日、どっか行かない？」と誘ってみたのですが……。

「私、好きな男子がいるんですよ。でも関根先輩って面白いから、電話だけしてくれます？」と、思いきりフラれてしまったのです。

そのときは「おお、いいぜ！」なんて言って電話を切りましたが、そこでまた「引き潮の関根」が登場。このまま電話をし続けて数か月後に「私、好きな男子と付き合うことになったので、もう電話しなくていいです」と言われたらイヤだな、今ならまだダメージが少ないぞ、と思ってしまったのです。

でもあのとき、あきらめずに電話をし続けていれば、「振り向いてくれないかもしれない片思い中の男子」より、「いつも電話で笑わせてくれる関根先輩」のほうがいいな、と思ってもらえる日が来たかもしれませんけどね。

もしかしたら後輩の彼女は、僕にワンチャンくれていたのかも。今はそんなふうに受け止めています。

モテないあまり、ついに「修行」と称して〝女嫌いの仮面〟をつけてしまった！

大学生になっても、モテない日々は続きました。

くすぶっていた僕に、友だちが何人も女のコを紹介してくれるのですが、ことごとくうまくいきません。でもその中に、ちょっといいなと思った女子がいたので、一度デートをしてみたのですが、最初から「何か」が引っかかるのです。

その答えは、喫茶店で会話していたときに判明しました。

その日は快晴。しかし天気予報は雨、となっていました。すると彼女が、

「今日は雨が降るっていうから傘を持ってきたんだけど……重くて損しちゃった」

と言うのです。そこで僕が、「晴れてよかったって思わないの？」と聞くと、「思わない。重いから」という答え。

そう、これが違和感の正体だったのです。

「これは何かにつけてネガティブな思考をしそうだから、夫婦になったら大変だな」

そう思った僕は、自分から身を引きました。

ちょっと考え過ぎじゃない?と思われるかもしれませんが、これはいわば専門家のカウンセリングを受けずして、自分で自分を守ったのと同じこと。今ではそう自負しています。

けれど当時の僕は、この一件でますます落ち込んでしまいました。本当に、誰ともまったくうまくいかないし、縁もない。そしてとうとう……「もういい！　俺は女嫌いの仮面をつけて生きてやる！」という結論に至ったのです。

当時僕は、ビル掃除のアルバイトをしていました。デートの予定など入るはずもない日曜日にゴムベラで泥水を集めながら、窓の下を行きかうカップルを見ては、「若いうちからそんなふうにウツツを抜かしてちゃダメなんだよ！　オレは今、泥水を集めているが、これは修行なのだ。つまり仮の姿だ。君たちはいずれ、オレに抜かれるだろう」と内心で毒づいていました。

本当は、あり余るエロ欲求を心の奥底に秘めながら、「女性に興味がない」という仮面をつけた19歳。気持ち悪いですよね。

でも、それほどモテない、彼女ができないことが辛かったのです。

初デートでブルース・リーのセーターを着て盛大にフラれる

それから2年間、僕は「女嫌いの仮面」を被り続けていました。しかしついに、その仮面を外すときがやってきたのです。

それが、目黒五人衆の解散式です。

お話ししたように、僕を含めた全員に彼女がいないということで、解散式と称して当時「ナンパ島」と呼ばれていた神津島へ行こうということになりました。

ならばと僕は、2年間被り続けた仮面を現地で外したのですが、本当は女性に興味があるくせに嘘をついていた分、もうドロドロ。そのせいか、仮面を外した後もしばらくは誰ともうまくいきませんでした。

その中で覚えているのが、林君と共通の知り合いだった面白い女のコのことです。僕らの芸を見ていつも笑ってくれて、とても明るいコだったのでデートに誘ってみたところ、すぐにOKをもらえました。

僕はうれしくて、おふくろに頼んで編んでもらったセーターを着て、デートに向かったのですが……いつもは明るい彼女が、なぜか全然しゃべってくれないし、笑いもしません。ちょっとおかしいなとは思ったのですが「体調でも悪いのかな?」くらいに考えて、夕方までデートを楽しんで帰宅しました。

するとすぐに林君から電話があり、彼女がしゃべってくれなかった理由が判明。

「お前、何かすっげえ恥ずかしい格好で行ったんだって？　彼女、怒ってたぞ」

実は、僕がおふくろに編んでもらったのは、当時ブームだったブルース・リーのチャイナ服型の緑色のセーターでした。彼女はユーモアのわかるタイプだったから、きっとウケてくれるだろうとあえて着ていったのが間違いだったのです。

「え！　彼女は恥ずかしくてずっと黙っていたのか……何だよ〜」

当時の僕はがっかりしてしまったのですが、今ならわかります。女心を全然理解していなかったのは僕のほうです。ふたりで出かけようと電話で誘われたわけだから、彼女もそれなりの心づもりだったんですよね。僕のことを憎からず思ってくれていて、「これからお付き合いが始まるのかも」とステージをあげてくれたわけです。それなのに僕がウケを狙うような服で登場したから、彼女のほうこそがっかりしてしまったのです。

20歳の頃の僕。シュッとしていますが、
恋愛も勉強も何もかもダメで悶々としていました

「仮面」を外して巡り会った運命の相手。妻は僕のエネルギーに惚れてくれた

仮面を外しても相変わらずいい出会いには恵まれませんでしたが、その満たされないエネルギーもあってか、笑いの道はどんどん開けていきました。

目黒五人衆解散後、僕は当時の人気テレビ番組『ぎんざＮＯＷ！』内の一コーナーである「しろうとコメディアン道場」のオーディションを受けました。これは、まったくの素人が短いお笑い芸を披露して勝ち抜いていくというトーナメント戦で、見事５週勝ち抜くとプロの仲間入りができるという、非常に画期的な企画でした。

順調に勝ち進んで３週目か４週目を迎えた頃、目黒五人衆のメンバー（現在の柳家小ゑん君）から「自分の大学に落研を作ったから手伝ってほしい」と声をかけられました。何でも部員数が少ないので、同じく部員が足りずに困っている某大学とコラボして２日間のイベントを開催する予定だが、落語だけでは間が持たないということで、僕に出演してほしいというのです。もちろん僕は快諾し、11月３日の文化の日に、某大学へ出向いてモノ

マネ芸を披露しました。

そのとき、イベントを手伝っている某大学のスタッフの中に、まだ大学1年生のステキな女性がいたのです。たまたま帰りの電車が一緒になって「このコいいなあ」と思ったことを今でも覚えています。

2日目のイベントは、小ゑん君の大学で開催されました。するとそこに、9歳の妹さんを連れた例の彼女の姿が！

僕は、その妹さんに自分を「面白いお兄さん」と思わせて手なずけるという姑息な手を使って仲良くなり、帰り際にそっと「お姉さんの電話番号教えて」と言ってみました。すると妹さんが大きな声で「お姉ちゃーん、関根さんが電話番号教えてだって！」と言ってしまい、「あ〜終わった……」と思っていたのですが、何と本人が電話番号を教えてくれたのです。

しばらくは勇気がなくて連絡できなかったのですが、「しろうとコメディアン道場」で初代チャンピオンになった勢いで電話をかけたところ、なぜだかとんとん拍子に交際へと発展し……数年後にめでたくゴールインすることができたのです。

その彼女というのが、現在の妻です。

あのとき妻と出会っていなかったら、僕は女性問題でますますネガティブになって、心のどこかがねじ曲がっていたかもしれません……いやでも、その片鱗はいまだにあるようです。あるとき、「アンガールズ」の山根君が、「綾瀬はるかちゃんってキレイですよね。あんな人がクラスにいてくれたらなぁ」と言うので、僕は「いや、いないほうがいい。どうせオレなんか相手にされないいんだからさ、だったらいないほうがいいんだよ」と即答したら、山根君に、「イヤな考え方だな～！　ひねくれてますね～！」と言われてしまいました。

　でも現実的に考えてみてください。高校生の女子なら、佐藤健とか新田真剣佑とか眞栄田郷敦みたいな男子にいっちゃうでしょ？　僕や「ずん」の飯尾和樹君のところにはきてくれないでしょ？　だから僕はそれほどひねくれていないと思います。

　そういえば女優さんで思い出したのですが……北川景子さん。彼女は威張る人が大嫌いで、ＤＡＩＧＯさんがとても柔軟で妬みも嫉みもないいい人だったので結婚したらしいです。つまり北川さんは、彼の顔ではなく性格に惚れたんですよ。顔も素敵ですけど。僕も威張ったり天狗になったりできない性格なので、北川景子さんと年齢が近くて共演していたら、ワンチャンあったかもしれませんし、なかったかもしれません。

ところで、ことごとくうまくいかなかったのに、なぜ妻とだけはうまくいったのかというと、それは彼女が初めて目にした僕という男が、イベントのステージ上で狂ったように女性歌手のモノマネをしたり、プロレス中継の真似をしたり、バカみたいなことをやっていたからだと思います。妻はそんな僕を見て「なんてエネルギッシュな男なんだ！　見たことのないタイプだ」と思ったらしいのです。おそらく彼女の本能が「この人は生命力がある。社会を泳いでいく力もあるだろうし、肉体的にもギラギラしてるし、顔もクドくて迫力あるし」と、反応したのでしょう。そんなふうに、オスとしての僕に惚れてくれたからなのか、僕のおかしな言動も暑苦しい態度も容認できたようです。

ちなみに妻はとても冷静でクールで、僕と真逆のタイプです。

「モテる」って、ある意味コワい。とあるアイドルに真顔で迫られ……

モテなかった話をさんざん披露しておいて言うのもなんですが、僕は若い頃からモテなくて本当によかったなと今では思っています。負け惜しみじゃありませんよ？

モテる人の恋愛って、ファミリーレストランのメニューに似ていると僕は思っています。ファミレスにはカレー、パスタ、ミックスフライ、海鮮丼までいろいろなメニューがあるので、何を選べばいいのか迷っちゃいますよね。

つまり、選びたい放題だから「このコがいいかな」「いやあのコもいいな」……なんて迷っているうちに、ひとりに絞れなくなっちゃう。それでどちらにも手を出して、どちらもないがしろにして、トラブルに発展してしまうこともありがち。それでも他の女子がまた言い寄ってくるから、ひとりに対しての「ありがたみ」は薄れてしまいますよね。それってある意味、不幸じゃないですか？

僕の恋愛を例えるなら、昔の「吉野家」です。恋愛にことごとく失敗し、最終的に妻しかいなかった僕と、かつて「牛丼」というメニューひとつで営業していた吉野家さん。お互い、一択のみで勝負していたわけです。

芸能生活も50年になりますが、僕の不倫記事やスキャンダル記事を目にしたことがある人は皆無でしょう。なぜなら、この世界でも僕はモテたことがないというか、今まで誘惑の類いをまったく受けたことがありません。

でも一度だけ、ちょっとコワい思いをしたことがあります。

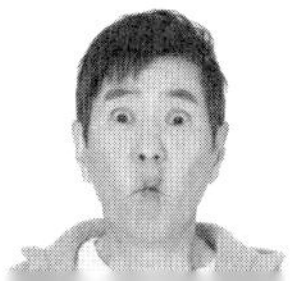

27歳のとき、とてもキレイなあるアイドルの女のコと楽屋が一緒になったことがありました。僕が間を持たせるために「〇〇ちゃんって、彼氏いないの？」と聞いたところ、彼女がかなり深刻な顔で、「いないんです……ずっと彼氏ができなくて、結婚できなかったらどうしよう」と言うので、僕は冗談のつもりで、「25歳になってもまだ彼氏がいなかったら、オレがお嫁さんにもらってあげるよ！」と軽口を叩きました。

きっと笑顔で「またまた〜！」なんてかわされるだろうなと思っていたのですが、彼女はおもむろにすくっと立ち上がり、僕の顔を正面からじっと見て、

「本当に、お嫁さんにもらってくれるんですか」

と真顔で返してきたのです。

その顔がコワくてコワくて……僕は楽屋から全力で走って逃げちゃいました。今思い出しても、背筋がゾゾゾ〜！とするほどの恐怖体験でした。モテないくせに、軽口なんて叩くもんじゃないですね。しかも当時、僕はもう妻と結婚の約束をしていましたので、余計にマズいなと思ったのです。

まあ、芸能界におけるスキャンダル的な経験としては、そのくらいです。

その後、30代後半くらいになってから、

「関根さんみたいな人と結婚したい」

と世間で言われるようになったことがあります。仕事で一緒になる女性タレントさんやスタッフさんから毎日のように言われていたので、あるとき妻に、「今日も関根さんみたいな人と結婚したいって言われちゃったよ！」と自慢したら、

「一緒に暮らしたことないからね」

と冷静に切り返されました……。

やんわりと「私もいろいろ我慢しています。いいことばかりじゃありませんよ」と言われたのだと受け止めております。

モテなかったからこそ身についた、「キケンな女を見分ける能力」

芸人の世界でも、ここ数年「不倫問題」が取り沙汰されています。そのほとんどが、いわゆる「モテ男」なので僕には全然関係ないのですが、先日、後輩と不倫や不祥事を起こすと終わりだねという話をしていた際、思い切った不倫関係を思いついたので、後輩に

言ってみました。

「思いきって小池百合子都知事と不倫したらどうだろう?」

後輩は「すごいですね!」と絶句していました。でももし、僕が本当に不倫したらどうなるんでしょう? 「え、関根勤が? 一体どうしたんだろう?」と思われて嫌われるでしょうね。

けれど僕には、「女性に対しての危機回避能力はポルシェのブレーキよりも優れている」という自負があります。

前述したデートの話で言えば、「傘を持ってきて損しちゃった」という相手の発言から「この人は常にネガティブ思考だから結婚したらきっと大変だ」というところまで想像してブレーキをかけました。

このように僕は、相手のちょっとした言動から「先を見据えて考える」ということが、いつからかクセになっていて、それが危機回避能力に磨きをかけていったようです。ただ、傘を持ってきて損しちゃったと言ったコと、もしも早々にキスをしていたら、その先に進みたいと思うあまりに「そうだね、損しちゃったよね」などと話を合わせて、違和感に気づかないフリをしていたかもしれません。なぜなら僕は、人一倍スケベだからです。

大人になった今でも、危険を察知する能力は衰えていないと思います。

名前は言えませんが、デビューしたてのとあるアイドルに初めて会ったときも「普通じゃない」と思いましたし、また、あるアイドルに挨拶されたときも、何やら危険な感じがしたので、思わず距離を取りました。どちらの女性も、後に日本を代表するほどの大スターになりましたが、私生活は不幸の連続です。

どうやら僕の危険察知能力は「この人と一緒になると不幸になる」という女性に対してのみ働くようです。他にも芸能界では数々の女性に危険を感じましたが、そのほとんどが嫌われたり、不祥事を起こしているので、この能力にはかなり信憑性があると思います。

「関根さん、どこを見たらその女性の危険度がわかるんですか?」と、よく聞かれます。僕の場合は、最初に「もしもこの人と付き合ったらどうなるだろう」ということを考えながら相手の言動を観察し、あれこれ妄想して先を読んでいくという感じでしょうか。あとはもう「感覚」です。これを言語化するのは難しいですね。

しかしそれもこれも、やはりモテなかったからこそ身についたことのような気がします。好きなコに振り向いてもらいたい、嫌われたくないと思うあまり、観察したり、本を読んで研究したり、妄想を重ねてきた賜物、とも言えるでしょう。

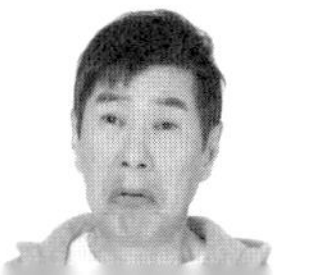

ちなみに、男性に対してもこの感覚はそこそこ働いてくれます。ただ、どうしても好かれたい！　モテたい！という思いがない分、それほど鋭くは働きませんけどね。

もし僕が不倫をしたら……娘の麻里に嫌われるし、妻を傷つけてしまいます。さらに孫のことを考えると、不倫は絶対できないと思うのです。

「まだ小学生だから大丈夫でしょ」と言う人もいるけれど、同級生のお母さんに「あんたのおじいちゃんってスケベね」なんて言われる可能性大ですからね。それで口をきいてくれなくなったら、今の僕には耐えられないほどのショックです……。

ああ、また先を見据えてしまいました。とにかく僕は、今後も不倫や風俗通いをしない誓いを死守します！

死ぬほど辛かった居残り給食で鍛えた妄想力のおかげでスキャンダルゼロ！

実は僕にはもうひとつ、「こんな辛い体験は、後にも先にもこれだけだ」と断言できるほど、イヤな思い出があります。

それは小学校2年生から5年生まで、給食が食べられなくて毎日居残りさせられたこと。クラスメイトが次々と帰っていく中で、目の前に置かれた給食をひたすら見つめるだけの時間が過ぎていくのです。僕はもともと食べ物の好き嫌いが多かったので、いくら居残りさせられても食べられるはずもなく……今なら、パワハラもいいところですよね。

そもそも僕の学級の担任は、めちゃくちゃコワい顔をした女性教師で、えこひいきあり、体罰ありの収容所のようなクラスでした。ところが担任教師のあまりのひどさに、クラスの生徒全員が団結していたため、勉強ができない子がいじめられることもなければ、給食が食べられない僕が揶揄されることもなかったのです。むしろ女性教師以外のみんなが僕を気遣ってくれていたし、両親からも注意されませんでした。

そう言えば居残り給食の時間、食べられなくてヒマなので、僕は脳内でさまざまな空想や妄想を繰り広げていました。後に『妄想力』というＤＶＤを発売するほどの成長を遂げていくのですが、思えば給食の居残り体験が役立っているわけです。

ちなみにこれまで「浮気」「不倫」といったスキャンダルがなかったのも、この妄想力のおかげという一面もあります。大好きな女性タレントやグラビアアイドルの写真を見ては、妄想デートを脳内で繰り広げるだけで大満足できるので、実際に浮気する必要がない

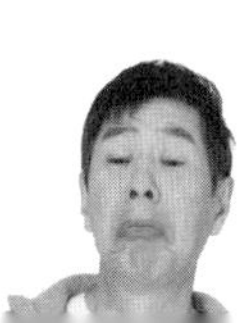

んです。

給食で居残りさせられたことは、思い出すと今でもちょっとイヤな気持ちがよみがえってしまうほど強烈な体験でした。

しかしそれ以降、どんなに辛いことも「居残り給食に比べたらマシだ」と思って乗り越えられるようになったわけですから、ネガティブなマグマをポジティブに変換できているのだと思います。

そして大人になった今でも、食べられないものがいくつかあります。

中でも大嫌いなのが、キュウリ。何故か、食べると寂しくなるんです。ところが大体の人は、「え〜?　キュウリなんて味なんかしないじゃない?」と返してくるのです。

でも僕なら、そうした答えを返す前に、

「この人がこの食べ物を嫌いなのは、こういうところなのかもしれないな」

と推測をします。

それは好き嫌いが多かったために居残り給食をさせられた「痛み」を知っているからです。小さい頃から何でも食べられた人には、この痛みはわからないかもしれません。だから、白いご飯が苦手だという人の気持ちも何となくわかるのですが、ある芸人の奥さんが

「水が苦手。味のついていない飲み物は飲めない」と言ったときは、さすがにちょっと理解できませんでした。しかし、

「もしかしたら、自宅の水が極端にまずかったせいでトラウマになっているのかも」

「錆びた鉄みたいな味がする学校の水道水を、間違って飲んでしまったのかも」

と考えると、何となく理解できます。さらに、

「例えば山登りをして喉がカラカラに渇いたとき、水筒を忘れたことに気づいたとする。何か飲まないと命の危険が迫っている。そんなときに水を飲んだら、おいしい！と思えるようになるだろうな」

と、解決策を考えてみたら、かなり納得がいきました。

結局、死が迫っていたら好き嫌いなんて言っていられませんからね。僕だって、海や山で遭難して３日間くらい水だけ飲んで過ごしていたら、大嫌いな大葉とかセロリをおいしいと思うだろうし、キュウリも好きになると思います。

結局、食べ物の好き嫌いは単なる甘えなのでしょうね。特に僕は末っ子で、周囲から甘やかされて育ったから、好き嫌いが多くなったのだと思います。ちなみにその芸人の奥さんは、結婚してから水が飲めるようになったそうです。

何の取り柄もなかったからこそ身についた「想像力」と「共感力」

給食は食べられない、勉強はできない、おまけにモテないと、ダメダメ3拍子だった僕には、何でも食べられて、勉強もでき、モテてきた人の気持ちは正直よくわかりません。例えば、学校の先生。数学でも体育でも音楽でも、それなりにその道でデキる人だったから、教師になれたわけです。だから内心は、勉強がわからない子、体育や音楽が苦手な子の気持ちを理解できていないような気がします。

大好きな芸人のひとりである「ずん」の飯尾君は、生まれつき少々音感がズレているところがあります。本人も気にしているところへ、音楽の歌唱テストの際に先生が飯尾君の目の前で苦笑したことで、大変傷つき音楽に対して心を閉じてしまった経験があるそうです。今は芸人として、その特徴を生かせているので多少は救われたと思いますが、そうでなければどこかひねくれた大人になっていたかもしれません。

音楽といえば、生まれながらに音楽の才能に恵まれてピアニストになった人は、難しい曲を弾けない人の気持ちがわからないから、レッスンのプロにはなれないそうです。また、心理学の先生に聞いた話では、父親がスポーツ万能、高学歴で、社会的な成功を収めている場合、その息子は同じような道をたどれず、挫折してしまう確率が高いそうです。

確かに、そういう事例はたくさんありますよね。例えば両親ともに超エリートで、親から「なぜそんなこともできないの」と叱責され続けて高校生のときに挫折してしまい、後に大変な事を起こしてしまった事件もありました。劣等感だらけだった僕にエリートの人の気持ちが今ひとつわからないように、エリートの人には「できない」人の気持ちがわからない――当然といえば当然なのですが、そこで重要なのが想像力だと思っています。

つまり、頭ごなしに否定したり嘲笑するのではなく、「できない」人の気持ちを想像し、考えてみる、ということ。けれど、もともと何でもスッとできてしまうエリートの人にとって、それはかなり難しいことでしょうね。

逆に、僕のようにできなかったことが多い人間は、「できない」という痛みを知っている。だから、相手の痛みや劣等感を想像することができるわけです。

もうひとつ重要なのが、相手の痛みを想像して「共感」するということです。

僕は勉強ができない痛みを知っていたので、娘の麻里の「授業がつまらない」という言

葉に対して「わかる。そうだよね」と受け入れることができました。

学校の先生も、エリートの親御さんも、まずは「わかるよ」と共感してあげましょうよ。そしてできない人の気持ちを想像しつつ、「こういう方法はどうかな?」と、柔らかく解決策を提案してあげるのです。そうすれば娘も息子も、生徒も部下も、心をこじらせずに成長することができるのではないでしょうか。

僕はダメダメ3拍子の劣等感を、想像力と共感力に変えることができました。

「関根さんを嫌いな人って、ほとんどいませんよね」

とよく言われるのは、それが理由なのかもしれません。

劣等感は、「幸せをつかむ種」。そう考えれば、人生はご褒美だらけ

先生や親、友だちの心ないひと言で、劣等感をこじらせてしまう人も少なくありません。

僕の場合は、モノマネをしたら大爆笑してくれる友だちや、バカなことばっかりやって

笑い合える友だち、何より勉強ができなくても叱らない優しい両親がいて、「ここは大丈夫だよ」という場所があったので、幸いにも劣等感をこじらせずに済みました。そうした「救いの道」とか、「勉強はできないけれど笑いは取れる」といった「別の道」があれば、劣等感がトラウマになってしまうのを防げるのではないでしょうか。

余談になりますが、女性と男性では記憶力に差異があるそうです。

例えば男性なら、恋人と些細なことでケンカになったときに女性から「あなた、3年前もこうだったでしょ！」と言われたことが少なからずあると思います。男性にとって、昔のことを引っ張りだされて怒られるのは理不尽で、耐えられませんよね。

しかし女性は、現在と過去の記憶がしっかり繋がっている生き物らしいです（※）。男は今の事例について解決したいのに、困りますよね。

こうして男女の差を医学的に捉えてみれば、何を言われても「しょうがないな」と受け流すことができて、恋愛におけるトラウマも発生しないのではないでしょうか。幸い、僕の妻はとても理性的かつ理論的なタイプなので、昔のことを引っ張りだして叱るようなことはほとんどなかったと思います。たまに体調が悪くて不機嫌なときに、理不尽な言われようをしたこともありますが、医学的に受け止めているので無難にやり過ごせます。

（※）Palermo, L et all. (2016). Women outperform men in remembering to remember. Quarterly Journal of Experimental Psychology, 69(1), 65-74. https://journals.sagepub.com/doi/abs/10.1080/17470218.2015.1023734

しかし、医学的な知識がなかったとしても、僕は妻のすべてを受け止められます。なぜなら彼女は、「モテない末にようやく結ばれた女性」だからです。隣にいてくれるだけで、最高のご褒美。だから理不尽なことも何のその、なのです。モテないくせに人一倍スケベだったので、もし妻と巡り会わなかったら、変態になっていたかもしれません。

そう考えると劣等感というやつは、こじらせさえしなければ、逆に「幸せをつかむ種」になって、いずれ花を咲かせてくれるのではないかと思うのです。

小さな挫折は大歓迎！　心折れるほど別の「救いの道」に繋がっている

一般的に親というものは、自分の子どもにはなるべく劣等感を持たせたくないと思うあまりに、「転ばぬ先の杖」を用意しがちです。

親心としては理解できます。しかし、転ばないとわからない痛みもあるし、次はどうしたら転ばないかと自分で考えることもできるわけで、学ぶところはたくさんあると思うのです。ところが転ぶ前に杖を出してしまうと、そうした絶好の経験や機会を奪ってしまいかねません。

僕は、若い頃に小さな挫折を経験することこそ、必要であると思っています。

最近の風潮で、「運動会の徒競走で1位を決めない」とか「桃太郎役を10人で演じて公平にする」なんてことがありますよね。

運動会でビリになった。桃太郎役に選ばれなかった。こうしたことは、いわば「小さな挫折」です。けれど、それで社会的に何かあるわけではありませんよね。だったら、他の何かで勝負すればいいだけのこと。

「足が遅くても、私は漢字をたくさん知っているの」

「桃太郎を演じられなくても、オレには思いやりがある」

とかね。

小さな挫折を経験することで、自分の長所を発見できればそれが「救いの道」となり得るし、挫折をバネにして「別の道」が開ける可能性だってあるのです。

ご存じのように、僕も学生時代は小さな挫折だらけの毎日でした。赤点は取るし、校則を破っていつも昼休みに「キッチン中村」のビーフカレーを食べに行っていたし……（ちなみに大人になってから、キッチン中村のご主人が現在はラーメン屋をやっていることを

笑福亭鶴瓶さんが調べてくれたので食べに行ったところ、「毎日来ていたよね。すごくハッキリした顔だったから覚えているよ」と言われました。しかも、ビーフカレーだと思っていたメニューはポークカレーでした）。

それでも僕には、バカなことをやって遊べる友だちや、心優しい両親がいたし、何より「笑い」という武器がありました。

「成績が学年トップのヤツより、オレのほうが絶対に面白い！」

そんなふうに思うことで、小さな挫折を乗り越えてきたような気がします。

痛みを乗り越えて、自分なりの道を見つけられるかもしれない。そして僕のように、想像力と共感力を養えるかもしれない。

それでいいじゃない？

小さな挫折、大歓迎。そんな気持ちでいてほしいなと思います。

第2章

順風満帆とはいかなかったからこそ、実り多かった若手時代

「あいつの目は輝いている」と言われ、番組で5週勝ち抜き芸能界デビュー

「これで青春も終わったな」

前出のとおり、大学生のとき結成した「目黒五人衆」の解散式を神津島で行ったのが3年生のとき。僕は青春とともに大好きなお笑いにも終止符を打つつもりでした。あと1年間大学に通い、その後は父親と同じ消防士になろうと決めていたのですが、9月のある日、テレビで『ぎんざNOW！　しろうとコメディアン道場』というコーナーがあることを知りました。

するとそこに、目黒五人衆と同じようなことをやっている素人が出演しているではありませんか。それを観て、僕はどうしても出演したくなりました。それまで身内だけでウケてきたネタが、公共の場でどれくらい通用するのか、思い出として試してみたくなったのです。

さっそく応募してオーディションに行くと、その日の参加者は僕と中学生だけ。僕の後

ろに順番待ちをしている人もいなかったので、ジャイアント馬場対フリクソンエリックの3本勝負とか、タイガーマスク対アントニオ猪木とか、中学2年生から大学3年生までの間に考えたネタをすべて披露しました。審査員も止めないので、おそらく45分間くらいやっていたと思います。

後に番組のプロデューサーに聞いたところ、「関根という大学生はたくさんネタ持っているから勝ち抜き形式にしよう」と思いつき、何と僕がキッカケで「5週勝ち抜いたらグランドチャンピオンになれる」という方式にチェンジしたのだそうです。

オーディションに受かって順調に勝ち進んでいく中、3週目から現在もお世話になっている芸能プロダクション「浅井企画」の前社長・浅井良二氏が審査員に加わることになりました。最初は「冗談じゃない、そんな素人の芸なんか」と審査員の話を断ったそうですが、一度は見てみようということで引き受けたそうです。

そこで僕の芸を見て、「何だ、ちゃんとした芸じゃないか」と思ったのだとか。

当時は、芸人といえば「飲む・打つ・買う」は当たり前。借金をしたり女を泣かせるのも当たり前。浅井前社長はそんな時代を生き抜いてきた人です。

それに反して、僕は純粋な大学生。

「目が輝いている！　昔の芸人とは違う！」と感じ、

「こういう人が出演するのなら、僕は今後も審査員を引き受けます」

ということになったのだとか。

そんなこんなで僕は4週、5週と勝ち抜いて初代チャンピオンに輝き、浅井前社長にスカウトされて芸能界デビューを果たすことになりました。

ちなみにこの「しろうとコメディアン道場」には、竹中直人さんや柳沢慎吾君、親友の小堺一機君も出演し、芸能界デビューを果たしています。

『ぎんざNOW！』に出演する際、目黒五人衆のメンバーには声をかけませんでした。5人で「やり切った」感があったし、それぞれが自分の道を歩き出していたからです。

振り返ってみると、小学生の頃に出会った遠藤君、中学生で出会った林君の2人が、僕の笑いの原点を作ってくれたことがよくわかります。

なぜなら僕のお笑いは今でも、あのときのままだからです。

あの2人とやっていたことが僕の笑いのすべて、と言ってもいいかもしれません。

かくして芸能界入りをしたものの、僕はしばらくビビりまくっていました。

テレビで観ていた人たちに囲まれ、周囲はスタッフまで全員年上。アマチュアで人を笑わせていただけで、修業もしていなければ師匠もいない、ただの21歳の素人大学生なわけですから、ビビらないほうがおかしいですよね。

そもそも僕はプロの芸人になるつもりはなく、消防士になろうと思っていました。しかし、浅井前社長に「君ならできるよ！　うちは、あのコント55号を育てた事務所なんだから！」と押しに押され、あれよあれよという間に契約してしまったのです。

でもそのときには「30歳までは続けてみよう」と心に決めていました。

今は同年代の人がいなくても、その頃になればポツポツ出てくるだろう。それでもダメなら転職しよう――光が見えないながらも、まあまあポジティブな決断だったと思います。

実際、その後に小堺君と出会ったり、明石家さんまさんが大阪から東京へ進出して仲良くなったりと仲間が増えていき、29歳のときに萩本欽一さんの大人気番組『欽ちゃんのどこまでやるの！』（通称・欽どこ）に出演するようになったおかげで、30歳で転職せずに済んだわけです。

デビューしてからは、事務所のおかげで仕事が次々と決まっていきました。

まずプロデビューに際して、あの桂三枝さん（現在は六代目桂文枝）に「ラビット関

根」という芸名をつけてもらいました。理由は、デビューの年が「うさぎ年」だったからです。

それから『ぎんざNOW！』や、当時大人気だった前田武彦さんの『前武のヤングアップ』、カマキリ男を演じた『カックラキン大放送』などへのレギュラー出演が、どんどんと舞い込んできました。

「関根さんが気持ち悪くて嫌いでした」クドくてアクの強い芸風がコワがられ……

ラビット関根を一躍有名にしてくれたのは、「バカバカしいと思うなよ！　やってる本人、大真面目！」の決め台詞でカマキリ拳法を披露する、「カマキリ男」でしょう。

結果として8年間、僕はこのキャラクターを演じ続けたのですが、どうやらお茶の間では「気持ち悪い」「コワい」と言われていたようです。現在、僕が仲良くしている放送作家さんやライターさんからも「あの頃の関根さん、気持ち悪くて嫌いでした」との評価をいただいております。

でも今考えれば、無理もないんですよ。

もともと目鼻立ちがクドいのに、若さがさらに目をギラつかせ、カマキリの殺し屋役でウケよう、ウケようとするあまりのオーバーアクト。おまけに芸名も「ラビット関根」でかなり奇妙。もう、アクと毒と「ヌメリ感」しかありませんよね。当時の僕が「鯖」だとすると、臭みを消すネギや生姜を添え忘れたために発酵して腐った状態、という感じです。

実はとある番組の中で、僕はあるドラマのパロディで俳優の宇津井健さんのものまねもしていたのですが、それを見ていた映画監督の原田眞人さんが、「次の作品にぜひ出てほしい」と、番組の稽古場までわざわざいらしてくださったことがありました。

映画のタイトルは『おニャン子ザ・ムービー危機イッパツ！』。当時大人気だったおニャン子クラブが主役をつとめる作品です。

僕は断るつもりだったのですが、原田監督が持参したシノプシスに目を通したら、おニャン子が好きすぎてとにかくおかしなことばかりやる変態ファンの役だったので「この人は、俺の気持ち悪いところをちゃんと見ている」と感じて引き受けることにしました。

そういえばこの間、たまたまその映画が放映されていたので久しぶりに鑑賞したところ、ある男がコンサートが行われる武道館をうろつく場面がありました。

「何だこの男……気持ち悪いなぁ」

と思いながらよくよく見てみると、何と僕でした。

自分でも気持ち悪いと思ったのですから、当時は相当の「アク・毒・ヌメリ男」だったということですよね。お茶の間で怖がられるのも当然です。

ちなみに僕とまったく同じ感想を、「ずん」のやす君にも言われました。

まったくウケない時期を救ってくれた、萩本欽一さんの「95万円アドバイス」

ファンと呼べる存在がチラホラ現れ始めたのは、それからしばらくしてからのこと。萩本欽一さんの番組『欽どこの』への出演が決まった後のことだと思います。

僕は、小堺一機君とふたりで「クロ子とグレ子」というコンビとして出演することになりました。『欽どこ』は、欽ちゃんが父親役を演じる萩本一家が繰り広げるアットホームコメディ番組です。僕らは、その一家がいなくなったタイミングで登場し、立ちトークをするという設定でした。

小堺君とは、お互い「しろうとコメディアン道場」の出身ということで仲良くなり、当時は下北沢のライブハウスで毎週1回、ふたりでライブをやっていました。あるときネタに行き詰まり、僕が「電車で中吊り広告を結構な大声で読んでいる人がいた」という話をしたところ、小堺君が「それをやろう」と言うので、大丈夫かなと思いつつコントにしてみたところ、大爆笑を取れた、ということがありました。以来、僕の中で「オレが変なことをやるとウケる」という方程式が見えてきたのです。となると、小堺君はツッコミ役になるわけで、そのスタイルになってからお客さんにウケるようになりました。

ところが『欽どこ』では、小堺君が僕より10か月前から出演していたこともあって、藤井フミヤ6割入りの爽やか顔とテンポのいいしゃべりでバカウケ。僕は当時29歳で、まだカマキリ男を演じていたせいか、まったくウケず。ライブハウスで見つけた方程式が通用せず、「結果を出さなきゃ」と焦りまくってどんどんオーバーアクトになっていき、ますます笑いを取れなくなっていきました。

するとあるとき、萩本さんに呼ばれてこんなアドバイスをいただいたのです。

「お前はね、100万円持っていたら100万円をかざしてどうだ!っていう芸をしているの。そうじゃないんだよ。5万円だけ見せてね、残りの95万円はポケットに入っているんですよっていう芸をしなさい」

次の週から、僕は激しい動きは封印し、肘から下をちょっと動かす程度にして、小堺君に話を振られても「そうだね」と返事をするだけなど、小さめのアクトで応えるというスタイルに変えてみました。これで3か月やってみて、萩本さんに怒られたらやめようと思っていたのですが、どんどんウケるようになっていったのです。

「欽どこ」への出演は、僕の芸風からアクと毒とヌメリを抜いてくれた

結局、中華の食材を油どおしするのと同じだったんですよね。つまり、スタジオには『欽どこ』の視聴者がいらしているわけで、そのお客さんと馴染むまでにはどうしても2か月ぐらいかかるわけです。萩本さんからのアドバイスで「ヌメリ」が取れて、僕はようやくお客さんに受け入れてもらうことができたようです。

『欽どこ』ではもうひとつ、大きな変化がありました。

萩本さん独特の感性で「番組にラビット関根っていう名前の人が出演しているのが何かイヤ」と言われ、この番組だけ本名の「関根勤」として出演することになったのです。ところが、浅井前社長が勘違いして全方向に発信してしまったことで、以来僕の芸名は「関根勤」となりました。

ちなみに、それから3～4年経過し、ラビット関根は桂三枝師匠がつけた芸名だということを初めて知った萩本さんから「お前、言えよ」と叱られましたけどね。

芸名を本名に戻したことは、かなりのアク抜きになったと思います。

他にも、数々のアク抜き要素がありました。

『欽どこ』での衣装は、小堺君がグレー、僕がブラックの「黒子」スタイル。かなり地味ですから、それだけでも多少の毒消しになったようです。しかも、当時「お笑い界の藤井フミヤ」として人気があった小堺君の爽やかさがネギと生姜代わりになって、僕の臭みを消してくれました。番組自体もアットホームな内容で、3人姉妹を演じる「わらべ」という女のコたちや、ボーッとした見栄晴君、天然ボケの走りとも言える斎藤清六さんというメンツ。特に清六さんのボケぶりは強烈で、僕のほうが少し爽やかに見えたくらいです。

つまり『欽どこ』への出演は、アクと毒とヌメリを和らげて、僕に多少の爽やかさを与えてくれた大きな転換期だったのです。

こうして僕は、萩本欽一さんと小堺一機君という存在によって、ようやくお茶の間に受け入れられるようになりました。

そういえば気持ち悪かった僕と、爽やかになった僕が同一人物だと思っていない人もいたようです。ある日おふくろが近所の人に「お宅は芸能人をふたりも出してすごいわね」と言われたとか。どうやらラビット関根の弟が、関根勤だと勘違いしていたらしいです。

でも根っこは、今でも「カマキリ」ですけどね。

周囲にどんどん追い抜かれる焦りは、心に「逃げ道」を作ることで解消した

当時の僕は仕事面で、今ひとつ伸び悩んでいました。

ところが周囲の人たちは、デビューしていきなり『前武のヤングアップ』『徹子の部屋』『うわさのチャンネル!!』『カックラキン大放送』『欽ちゃんのどこまでやるの!』

『笑っていいとも！』と、視聴率の高い人気番組ばかりに出演していた僕のキャリアを、華々しいと思っているわけです。

しかし自分としては、仲良しの小堺君がお昼の帯番組の司会に抜擢され、他の後輩にもどんどん追い抜かれ、漫才ブームが到来したときにはB＆Bやザ・ぼんちの勢いに気圧《けお》され……という感じで、とても苦しい思いを抱えていました。周囲から見ればまあまあのタレントでも、「俺はもうちょっとできるはずだ」という気持ちがあったのだと思います。

しかしあるとき、こんなふうに考えを改めたのです。

「勝負は今じゃない。結局死ぬ前に、幸せだったと言えるかどうかだ。長い目で頑張ろう」。すると、気持ちがスッと楽になりました。言ってみれば「逃げ道」を作ったわけです。

考えてみれば、僕は昔から何でも都合のいいように解釈してきました。

勉強ができないときは、

「人生で大事なのは勉強だけじゃない。数学ができても空気の読めないヤツもいる」

「数学と古文は社会に出ても使わないから捨ててもいい」

とかね。

車の免許を取るために通った教習所の教官もムカつくヤツでしたが、「まあこの人とも2か月の付き合いだからな」「そんな態度を続けていたら、いつかどこかで喪黒福造に会うときがやってくるぞ」と思ってやり過ごしました。

これ、全部「逃げ道」ですよね。

でも、辛いときは自分で逃げ道を作っちゃえばいいと思うんです。そのほうが、気持ちが楽になるし、仕事も楽しめるだろうし、何より心が歪まずにすみますからね。

時にはヤケクソが身を結ぶ。クビ寸前の冠番組が人気爆発したきっかけ

逃げ道を作りながら自分なりに頑張っているとき、TBSラジオで初の冠番組『コサキン勝手にごっこ』が始まりました。小堺君の「コサ」と、関根勤の勤を音読みにした「キン」を取って「コサキン」と命名したのですが、最初はまったく人気が出ず、リスナーからのハガキも週に2~3枚、しかも同じ人からしか届いていませんでした。

「このままじゃクビになるよな」と思った僕らは、ならば自分たちからクビになろうと話

し合い、ヤケクソでくだらないことばかりしようと決断。

「おじちゃん、ガムちょうだい」

「ゲベロッチョ！」

とか、

「あのね、僕ね、3歳なの。あんぱん落っことしちゃったの……」

「ブラッ、ブラッ、ブラーッ！」

とか、とにかく意味のない会話や擬音を繰り広げるという感じです。

ところが番組のプロデューサーは、まったく注意をしてこないわけです。それをいいことにひたすらフザけ続けていたら、次第にハガキが来るようになり、果ては大人気番組に成長していきました。

おそらく、僕らがくだらないことばかりやっているのを聞いていたリスナーが「こんなくだらないことやってるわけ？　じゃあこっちもこんなアイデアが浮かんだよ」という感じで、どんどんハガキを送ってくるようになったのではないかと思います。すると時間が経つに連れてリスナーのほうがどんどん面白くなっていって、とうとう僕らを追い抜くまでに成長してくれました。リスナーの中から現在も大活躍してる放送作家が何人も誕生し

たほどです。ただしリスナーの大半が男性で、女性リスナーはほとんどいなかったので、モテないのは相変わらずでした。

今思えば「クビになろうぜ」と話し合ったのも、ひとつの「逃げ道」。

そんなふうに覚悟を決めてやけくそになったから、うまくいったのかもしれません。

ちなみにこの『コサキン』ラジオシリーズは形を変えつつ、開始から40年以上経った現在も続行中です。

伸び悩む仲間を集めて劇団を旗揚げ。結果、30年以上続く名物公演となる

ラジオが大ヒットしてファンが増えても、僕の中では「何か」がくすぶっていました。

そうして迎えた35歳のとき。コサキンでの人気とさまざまな機会が重なって、僕は劇団を設立することになりました。

劇団名は、関根勤という名前を音読みにした『カンコンキンシアター』。

旗揚げメンバーは、僕以外にラッキィ池田、ルー大柴、無名だけど演技力のあるバイプ

デビューしたての頃

初の冠ラジオ番組
『コサキン勝手にごっこ』
収録時にて
（写真：TBSラジオ）

『欽どこ』でやっていた小堺一機さんとのコンビ、「クロ子とグレ子」。これがブレイクのきっかけになりました

レーヤー、アクションや殺陣の指導ができる役者さん、オーディションで選んだ女優さんやタレントさんといったあたりでした。

この一件で、僕の中でくすぶっていた「何か」の正体が見えたような気がします。

例えば晴海のモーターショーに行くと、実物の車を見て、触ることができますよね。そうすると、乗り心地やハンドルのグリップの感触なども体感できて、カタログで眺めているよりも現実味があるし、何より「この車、欲しいな」という購買意欲が湧いてくるものです。

ならば僕らも、モーターショーの車になればいいのだ！と考えたら、みなぎるエネルギーがあふれ出し、くすぶりが解消されていく感じがしたのです。

どういうことかというと、所属事務所のマネージャーさんに「うちのこのタレントは、こういうギャグを持っていてすごく面白いんですよ」とテレビ局に売り込んでもらうばかりでなく、劇団の舞台というモーターショー的な場所へお客さんや仕事関係者に足を運んでもらって、僕らのポテンシャルを見てもらえばいいのだ！　そうして実際に目の当たりにすれば、「ラッキィさんって面白いな」「関根勤ってクダらない！」というのがよくわかるので、仕事に繋がっていくだろうと考えたわけです。

それに、浅井前社長からスカウトされてから何かしらの結果を出すまでに10年かかったし申し訳ないなという気持ちもあったので、僕が萩本欽一さんにチャンスを与えてもらったように、浅井企画の若手にもチャンスを与える立場になるべきだと考えたのです。

もしかするとこれも、くすぶる気持ちからの「逃げ道」だったのかもしれません。だからこそ、今ひとつというところで伸び悩んでいる人たちに声をかけ、自分も含めて「みんなで頑張ろうよ！」と決起したのだと思います。

結局、この『カンコンキンシアター』という劇団は、旗揚げから現在まで30年以上続いていて、ラッキィ池田やルー大柴をはじめ、浅井企画所属のキャイ〜ン、イワイガワ、ずん、などのスターを生むことができました。

ちなみに、小堺君も僕よりも少し先に『小堺クンのおすましでSHOW』という舞台を始めました。笑いあり、歌あり、バンドあり、豪華ゲストありというエンターテインメント的な内容ですから、基本的には一般的なお客さんが対象です。しかし、リスナーも当然来るだろうと考えて、コサキン的なコーナーを作り、僕はしばらくゲスト出演という形で参加していました。

でもね、同じラジオから派生したのに、小堺君の舞台はとてもオシャレです。もともと

エンタメ的な笑いが好きということもあって、演出家を入れたのもよかったと思います。

ところが僕の劇団のお客さんといえば、初期の頃はほとんどがコサキンリスナー。つまり男性ばかりでした。あるお客さんが「この劇団の会場は匂いが違う。よそは8割女性客でいい匂いがするのに、ここは男臭がすごい」と言ったくらいです。そりゃそうでしょう。僕は自分の好きな人だけを集め、演出家も入れず、100％自分発信の舞台をやっていたのですから。旗揚げ公演前、浅井前社長から「もっと有名な人を出せないのか」と文句を言われましたが、「これからの舞台はこうなんだ！」と現社長（前社長の息子さん）が助言してくれたおかげで、自分の好きな形のままスタートさせることができました。

でも思い出してみると、初期のメンバーは素人同然の女のコとか、ものすごく滑舌が悪くて役者の経験もない男性ライターとか、弾けまくっていたラッキィ池田とか……本当は舞台に立ってはいけないようなメンバーばかりだった気がします。それが僕の好きな人たちだったわけですから、表面上はアクと毒とヌメリが解消されたように見えても、中身はやっぱりクドすぎるカマキリのままだったんですよね。

不人気、クビ、大部屋、一般人扱い……
僕が芸能界で天狗になれなかった理由

「芸人は、売れたら一度は天狗になる」

という通説があります。

「関根さんは、いくつになっても全然威張ったりしませんよね」とよく言われるのは、僕がこれまで一度も天狗になったことがないからだと思います。いや、なれなかったのです。

長くなりますが、その理由をお話ししましょう。

まず『ぎんざＮＯＷ！』で5週勝ち抜いて優勝したとき。「天狗になってもよかったんじゃないか」と言われることもありますが、ズブの素人のまま芸能界に入ってしまい、右往左往するばかりだったので、とても天狗にはなれませんでした。

その後、わりと早く次のチャンスが到来します。

名作映画『猿の惑星』のテレビ版の権利を日本が獲得したので、その主題歌の作曲をあ

の浜口庫之助先生にお願いしたところ、「猿みたいなモノマネできるヤツはいないか？」ということになり、僕に白羽の矢が立ったのです。僕は猿山まで足を運び、かなり観察を重ねてレコーディングに挑み、いくつも声色を変えながら何種類もの台詞を録音しました。

するとテレビ局の上層部の方が「素晴らしい主題歌ができた！」「歌詞をクイズにして賞金100万円出そう！」と、えらく喜んでくださり、話はどんどん進んでいったのです。

僕はうれしくて、頭の中でこんな妄想を膨らませていました。

「『これを歌っているのは誰だ！』と話題になって、『夜のヒットスタジオ』で井上順さんと芳村真理さんの紹介で正体が明かされて……俺はスターになるぞ！」

ところが視聴率がまったく取れず、番組は即終了。天狗になれませんでした。

27歳のときに『笑って・ルンルン』という、みのもんたさん司会の番組にもレギュラーが決まったのですが、2本収録したところで番組終了。「スターになれると思ったのになあ～」と大ショックを受けました。ところが数十年後、番組の資料を目にしたら……何と半年間続いていたのです。つまり僕だけ切られたわけ。それで天狗になれませんでした。

次は、某有名企業から新発売されるチョコレートのＣＭ出演の話が舞い込んできたとき。５パターンほどのＣＭを撮影しましたが、商品が全然売れなくて天狗になれませんでした。

その後、またも有名企業から新発売されるシャンプーのＣＭを単独でやってくれという話が。シャンプーのＣＭに抜擢されるのは、今も昔もスターの証。僕は喜びまくって引き受けたのですが、これもまったく売れなくて天狗になれませんでした。

一方、35歳のときに設立した劇団については、何年間もチケットが即日完売になるほどの人気を誇っていました。でもそれはあるとき、チケットぴあの「お客様満足度」１位になったことがキッカケで、舞台の内容を知らない演劇好きの女性たちが一時期ドドッと押し寄せてしまったからです。うちの舞台は、変わった人たちが変わったネタを観て笑うだけの内容なのに、ごく一般的なお客さんが流れてきたことで旗揚げ当時からずっと応援してくれているリスナーや常連さんがチケットを取れなくなってしまいました。そこで僕は、ラッキィ池田氏に下ネタを狂ったように演じさせ、３年間かけて普通のお客さんを追い出したのです。そんなひどい内容の舞台ですから、チケットがソールドアウトになっても天狗になれませんでした。

38歳のとき、ある有名なドラマのプロデューサーが「関根勤には何かある！」と感じたということで、僕を主演としたドラマを書いてくれました。1話30分、全3回の放送だったのですが、撮影現場では特に演技を注意されなかったので、うまくいったのだろうと思っていました。

ところがいざ視聴してみると、ことごとく間違った演技をしているではありませんか。不倫をテーマにしたドラマなのに殺し屋みたいな台詞の言い回しをしていたり、愛しい恋人を車の運転席から見送るときにスナイパーみたいな目つきをしていたり……他の出演者はみんなナチュラルな演技をしているのに、僕だけ違うドラマに出演しているかのような演技。現場で注意されなかったのは、「この人の演技は直せない」と思われていたからでしょう。そんなドラマの失敗で、また天狗になれませんでした。

近年では、2002年にベスト・ファーザー賞を受賞したときのこと。「今日は主役だ！」と思い、スピーチのシミュレーションをして臨みました。ところが、受賞後の囲みの取材でいきなり

「中山美穂さんと辻仁成さんが結婚しました。ひと言お願いします」

と質問されたのです。頭の中で「はぁ〜〜〜？　関係ないじゃん！」という自分の声が

大音量で聞こえたくらい、ショックでしたね。

「俺って興味を持たれていないんだなあ」と、しばらく凹んで天狗になれませんでした。

7～8年前、がん撲滅チャリティのゴルフコンペに参加したときのことも忘れられません。一人ひとり私物を出品してオークション形式で値段をつけて一般の方に買ってもらい、そのお金を寄付するというイベントだったので、僕は自分のサイン入りのウインドブレーカーを2着持っていきました。そして500円からスタートしたのですが、誰ひとりとして値段をつけてくれず、シ～ンとしているのです。

「あれ～？　俺はカックラキンで頑張ったし、欽ちゃんのプレッシャーからも逃げないで頑張ったし、笑っていいともには20年以上出演してきたし、モンティ・パイソンの映画も出たし、悪魔の毒々モンスターにも出演して頑張って演技してきたし……」

そのときの僕は心の中で、まるで走馬灯のように今までの自分の仕事を振り返り、ただただ茫然としていました。

するとひとりのおばさまが気を遣って「3000円」と言ってくれたので何とか終了したのですが……僕はそれからめずらしく5日間ほど落ち込んでしまったので、天狗になれませんでした。まあ、他に出演していたメンバーが郷ひろみさんや石川遼君と超豪華だっ

たし、出品した物もあまりよくなかったのかもしれませんけどね。以来僕は、そのゴルフコンペには出席しないようにしています。

つい最近も、こんなことがありました。「イワイガワ」の井川君と放送作家の有川周壱君と3人で銀座に映画を観に行ったときのこと。帰りにお茶でも飲もうと、ちょっと高級そうなカフェに入店しました。するとウエイトレス長のような年配の女性が「え？　この店に入るつもり？」みたいな顔をした後、店内は空席だらけなのにトイレの前の席に案内されてしまいました。季節は冬で、僕はニット帽にコートという犬の散歩みたいなスタイルだったし、しかもそのニット帽に毛玉がたくさんついていたし、井川君と有川君も地味ないでたちではありましたが、あまりのことに僕らは腹を立てるより笑ってしまいました。僕に気づいたのか気づかなかったのか、ニット帽の毛玉がよくなかったのか……。

よくわかりませんけど「店の雰囲気にそぐわなかったんだな」と笑い飛ばすことができてよかったと思います。でも、天狗にはなれないなと痛感しました。

プライベートついでに言うともうひとつあります。娘の麻里が5～6歳の頃、当時は毎年年末に家族でオーストラリア旅行をしていました。ある年、妻が「いつも子育てを頑張っているから、今回は往復ファーストクラスでお願いできるかな」と言うので「いいよ！　君はいつも頑張っているし、俺も乗ってみたかったからそうしよう」ということで予約しました。

そして出発当日。僕はコットンパンツにポロシャツ、妻はちょっと小ぎれいなファッション、麻里はトランクに乗ってワーワー騒ぎながらファーストクラスの列に並んでいると、地上勤務の方が寄ってきて「こちらファーストクラスの受付でございます」と言うので「あ、はい」と答えたのですが、しばらくするとまたやってきて「こちらファーストクラスの……」と繰り返すので、また「あ、はい」と答えました。

ところが、しばらくするとまたやってきて、今度は「チケットを拝見いたします」だって。それでチケットを見せたら、もう何も言わなくなりましたけどね。僕と妻は思わず笑ってしまいましたが、これがもしキム兄だったら「考えられへん！」ってめちゃくちゃ怒ると思います。

こんなふうに僕は、チャンスをものにできず、すべて出鼻をくじかれたおかげで、一度も天狗になれなかったのです。

「お疲れじゃねえよ！」絵に描いたような性悪プロデューサーを思わず殴りかける

「関根さんって、全然怒ったりしませんよね」

そう言われることの多い僕ですが、まだ若手の頃には、悔しさのあまり腹を立てたこともたくさんありました。

中でも覚えているいくつかのエピソードがあります。

27歳のとき、朝の情報番組『ズームイン!!朝！』の中の「愛のオモチャリティー」というコーナーを任されることになりました。僕、そして池田まさるさんというタレントが担当で「余ったおもちゃ、ありませんか」と道行く人に声をかけ、いただいてくるという企画です。

しかし、集まるオモチャはほとんどが使えず、ゴミ箱代わりに置いていくケースがほとんど。するとある日、僕らふたりが制作サイドに呼ばれてかなりの叱責を受けることになりました。内心では「企画が悪いんだ！」と思っていましたが、それからすぐに僕と池田さんはクビになりました。その数十年後、番組の記念パーティに呼ばれても行かなかったほど、辛い思い出です。

次は、あるドラマに出演したときのこと。そのプロデューサーが、スタッフ全員から嫌われているほど生意気で、僕にも何かにつけめちゃくちゃなことを要求してくる人でした。それでも最後の仕事が終わった際にはきちんと「お疲れさまでした」と挨拶をしたのですが、

「お疲れじゃねえよ！」

とブチギレられたのです。僕はものすごく頭に来て、当時のマネージャーに思わず「殴ってやろうかと思ったけどプロデューサーだから我慢した」と愚痴を言うと、「温厚な関根がそんなに頭に来たのか」ということになり、何と相手の会社まで行って「ラビットが挨拶したのにひどいこと言ったらしいな」と言ってくれました。

するとそのプロデューサー、何て言ったと思います？

「俺ってそういうところがあるんだよね～」

こりゃダメだと思っちゃいました。

『カックラキン大放送』にも、いけ好かないプロデューサーがいました。ベテランタレン

トにはヘコヘコし、僕みたいな下っ端タレントにはオラオラ振る舞い、変なパーマをかけて香水をプンプン匂わせて、ブランドもののスカーフをつけて……と、もうコントに出てくるような典型的なヤツです。その人もスタッフに嫌われていて、「あいつがテレビ局を辞めたら殴ってやる」「同じ空気を吸いたくない」と言う人が大多数。僕もなるべく顔を合わせないようにしていたところ、ある日、浅井企画に電話がきて「お宅の関根はオレに挨拶がないんだけど」なんてチクってきたのです。

ところが、本来なら僕が怒られるはずなのに「まあわかりやすく挨拶してやってくれよ」と、事務所の専務に頼まれて……どれだけダメな人間か、わかるでしょ？　結局、お金を使い込んでクビになりましたけどね。

昔の芸能界はひどいもので、「まんじゅうの下にお金を入れて渡したら番組への出演が決まる」なんて時代劇みたいなことは日常茶飯事。パワハラ、モラハラなんて当たり前。さすがに今の時代はなくなりましたが、そのせいで悔しい思いをしたことは数知れず。特にこのカックラキンのプロデューサーは、僕の芸能生活の中でダントツのトップでイヤなヤツでした。彼のイヤな感じが１００だとしたら、あとのことなんてすべて50以下です。

お客さんと共演者にブチギレて、タモリさんを驚かせてしまった過去

実は僕にしてはめずらしく、番組の途中や収録中にキレてしまったこともあります。タモリさんの番組『ジャングルＴＶ』にナインティナインとともにレギュラー出演をしていたときのこと。僕はひどい花粉症なのに、収録前日にスギ林のあるゴルフ場でプレイしてしまい、帰りの車の中でダウンするほど具合が悪くなってしまいました。翌日も体調は最悪で、頭は痛いわ、体はだるいわの状態で収録現場に向かったのです。

その日は、レシピのない料理を適当に作るという調理コーナーの収録で、ゲストは理系の才女として有名なコメンテーターの女性。するとすぐに「何でレシピがないの？」と言い出したんです。どうやら事前の打ち合わせでレシピがないことを伝えていなかったようで、ずっとワーワー言い続けているわけです。ゲストがそういう状態になるのが苦手なタモリさんは知らんぷり、ナイナイもまだ新人で対応できず。仕方がないので僕が「それはしょうがないんですよ。郷に入れば郷に従う、ということで」となだめたところ、「じゃ

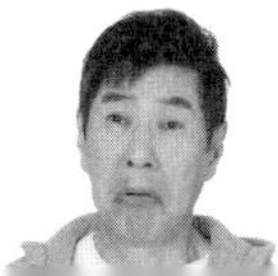

あ関根さんはロシアに言ったらロシア語しゃべります?」と返してきたのでカチーンと来て、「じゃあ好きにやればいいでしょ!」と、声を荒げて怒ってしまったのです。後からタモリさんが「関根君が怒ったから驚いたよ」と言うくらいの口調でした。

プロの芸人なら、ロシア名物のコサックダンスでも踊って「太ももがパンパンですよ〜」くらいやればよかったんですよね。けれどその日のコンディションは花粉症で最悪。余裕がなかったのです。ところがその女性はわりと鈍感なタイプなのか、僕が怒ったことにも気づいていなかったので何とかセーフでしたが、その後に紅茶を淹れてもてなしておきました。

『笑っていいとも!』でも一度、お客さんに向かってキレたことがあります。生放送が終わると、日曜日に放送される『笑っていいとも!増刊号』用に出演者全員で立ちトークをするのが恒例になっていて、その日も僕はボクシング解説者の浜田さんというマニアックなモノマネを披露していました。すると客席から「似てね〜!」という声が。僕は内心、「え? 浜田さんのこと知っているのかな? ずいぶんマニアックな人だな……でも自分でも似てない自覚があるから謝ろう」と思い、「今言ったの、誰?」と聞くと、一人の女子が手を挙げました。そこで僕が「浜田さんのこと知っているの?」と聞くと、その女子が「浜田省吾なら知ってる〜」と答えたので、知らないくせに似てね〜とか言うな！ともものすごく頭に来て、思いきり「バ〜カ！」と言ってしまったんです。お客さんにそんなことを言うなんて、自分でも信じられなかったですよ。でもね、こっちは似てなかったことを謝ろうと思っていたのに、そんなくだらないことを言うから腹が立っちゃったんです。内心「しまった！」と思ったのですが、直後に客席がドカーンとウケたのでこのやり取りは増刊号で放送されていました。後日、その放送観ていた若手芸人から「関根さんってコワいんですね」なんて言われてしまいましたけど。

世間的には温厚に見えているようですが、普段はテレビを観ながらよく怒っています。

例えば若いお母さんが「シートベルトって面倒くさいからしたくないです」と発言しているのを観て「お前が死んだら子どもはどうすんだ！」と怒りましたし、どこかの校長がスケベな写真をたくさん持っていたときには「この野郎……ＲＩＺＩＮで俺と勝負だ！ボコボコにしてやる！」と怒っていました。

そうした世間の風潮への怒りを話すのは、ごくごく身近な人たちにだけですけどね。

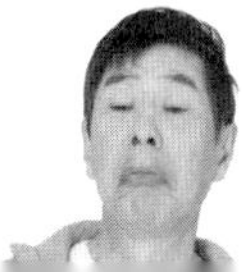

どんなに理不尽な出来事でも、背景を想像して多角的に見ると腹の虫も収まる

天狗になれなかったり、理不尽なことで腹を立てたり、テレビを観ながら世間に怒ったりしている僕ですが、そうした感情をあまり表に出すことはありません。

いわゆる「ポーカーフェイス」というやつです。

なぜ顔に出さずにいられるのかというと、ひとつの物事をいろいろな角度から観察したり、妄想したり、相手の背景まで考察してみるクセがあるので、あれこれ考えているうちに腹の虫も収まってしまうのです。

例えばファーストクラスを予約して3回チェックされたときに笑えたのも、自分を探偵の多羅尾伴内に見立てて、

「あるときはファーストに似つかわしくない客、またあるときは舞台でくだらないことをする男、しかしてその実態は……ファーストチケットを持っている客！　でもあの人はそれを見抜けなかった。俺はスパイになれるな」

と妄想し、そこからさらに、チェックをしにきた相手の仕事を多角的に考えてみました。

「3回もチェックするということは、裏を返せば仕事熱心な証拠だ。あるいは、もし僕たち家族が搭乗場所を間違っていたら大変だと思ってしっかり確認してくれたのだ」

実際はそこまで思ってはいないでしょうが、こう考えれば腹も立たなくなりませんか？

前出の、カックラキンの失礼なプロデューサーもそうです。最初はムカついていましたが、「この人かわいそうな人だな。カッコつけてワーワー言わないと自分の存在を証明できないんだから」というふうに、相手よりちょっと上に立ってみると、だんだん腹の虫が収まっていきました。

さらに「なぜこんな人間が出来上がったのか」という考察もしてみました。「有名大学を出たボンボンらしいから親もエリートで、成績がすべてだと育てられたのだろうな」とか、「頑張っても親を超えられないから、威張らないとやっていられなかったのかもしれない」とかね。するとますます気の毒になって、腹の虫がおさまったのです。

結局ね、パンダに「言葉をしゃべれ」とか、トカゲに「空を飛べ」というのと同じで、相手を変えるのは不可能なこと。どうにかできるかもしれないと思うから、余計にいら

だってしまうわけです。

そんな徒労を重ねるよりも、相手を多角的に見て、勝手に妄想して自分なりに納得すればいいのです。すると腹の虫だって、おさまってくれますよ。

それでも怒りが消えないときは、ひとりになってから文句を言えばいいだけのこと。お笑いをやっていると、腹の立つこともネタになっちゃったりするんですけどね。

自身を過大評価するべからず。自分の価値は周囲が決める

腹を立てなくなった理由は、もうひとつあります。

ある番組で、僕の行きつけのレストランを紹介することになりました。ところが予定していた放送日にオンエアがなく、レストランの人から「いつ放送されるのですか?」との問い合わせが入り、テレビ局側に正しい放送予定日を確認して相手に伝えました。しかしその日もまた放送されなかったのです。そんなことが2回続きました。改めて事情を聞くと、「番宣や諸々が入りまして……関根さんなら許してくださるかと思って甘えてしまい

ました」とのこと。番組の出来が悪くて放送されないのならまだわかりますが、そういうことではないと言うので「お店の人も心配していたんですよ」と返すと、「そこまでは思い及ばなかったです」と謝ってはくれましたが、口先だけだなとわかりました。

またあるときは、明石家さんまさんの番組にレギュラー出演が決まったので、テレビ局へ行ってみると、18歳の超新人タレントの女のコの楽屋が個室なのに対し、当時33歳だった僕の楽屋は大部屋だったことにショックを受けたことがあります。

しかし僕はこのふたつの出来事から、こんなことを学びました。

「もし僕がマイケル・ジャクソンだったら、こんなことは起きなかっただろう。だから、予定どおりに番組が放送されなかったのは僕の実力不足。楽屋が大部屋だったのも僕の実力不足。すべては自分の責任なのだ」

自分を過大評価するべからず。僕の価値は僕が決めるのではなく、相手が決めること。以来僕は、そう思うようになりました。

そしてチャリティゴルフのオークションの件も「もしも僕がレディー・ガガだったら、たとえウインドブレーカーでも大変な値がついたはずだ」と考え直すことができました。

自信を失ってはダメだし、過小評価もすべきではない。自分がやってきたことは正当に

評価すべきです。しかしそれが評価されないということに対して腹を立てるのはよろしくありません。自分の工夫が足りなかった、ということなのですから。

そう考えれば、誰に対しても腹を立てたり恨んだりせずに済みます。芸能人の〇〇ランキングも然りで、「何で俺がコイツより下なんだよ！」などと怒る人もいますが、それは自分がそう思っているだけで、本当は世間が決めることなんです。

先日、那須川天心君のプロボクシングデビュー戦がありましたが、その前座が何と世界タイトルマッチ。本来なら「フザけんなよ！」と腹を立ててもいいところですが、試合に出場するチャンピオンたちはこう言っていました。

「いやいや、那須川選手は有名ですからね」

さすがチャンピオン。どちらが注目されているかということも、メインを決めるのは周囲であるということも、ちゃんとわかっていました。

かつて、K－1で活躍したアーネスト・ホーストの話を思い出します。彼は4回もK－1グランプリトーナメントを優勝しているのに、一度も優勝したことのないジェロム・レバンナがK－1のネットサイトのトップページを飾っていることに腹を立て、「I'm 4 times Champion!」と言ってずっと腹を立てていましたっけ。

でもね、結局プロというのは「勝つ」だけではなく、「人気」があるかどうかということも重要なんです。ジェロム・レ・バンナもアンディ・フグも、負けても勝っても面白かったから、雑誌の表紙を飾ると売り上げが伸びる。ところがホーストを表紙にすると売り上げが落ちるのだと、ある編集長が言っていました。

僕は、テクニックのあるホーストが大好きでしたけれど、さほど格闘技に詳しくない人からすると、細かいテクニックよりも豪快なものを見たいわけです。

要するにホーストはプロウケする人だったわけで、マニアックなファンに支えられている僕と似ているところがあったような気がします。

だからね、自分を過大評価すべきではないのです。

第3章

僕が「嫌われない芸人」と言われている理由

「笑っていいとも！」で29年間レギュラーをやれた理由

若い頃の僕はどこへ行っても、アクの強いカマキリ芸丸出しでした。そこをシフトチェンジしてくれたのが、前出の萩本欽一さんの「１００万円持っていても５万円だけ見せなさい」というアドバイスでした。オーバーアクトをやめて、番組の空気や視聴者の傾向に合わせた芸をしていくうちに、受け入れられるようになった経験はとても大きかったと今でも思っています。僕はそこで「プロというものは番組に合わせなければいけない」ということを学びました。

ＮＨＫの午前中の番組では絶対に下ネタを言わないけれど、深夜のバラエティ番組で後輩と一緒ならちょっとだけＯＫ。『笑っていいとも！』はお昼の番組だからエグい笑いじゃなく健康的な笑いで。今はそんなふうに、番組の質や空気に自分を合わせられるようになりました。

ところが、どの番組に出ても自分のカラーを押し通そうとするタイプの人もいますよ

ね。爪痕を残したい、結果を残さなければ……という気持ちが先に出てしまうのはよくわかります。かつての僕のようにどういう方法で番組に関わり、どういうテクニックで自分を見せればよいのかがわからないんですよね。僕は幸いにも、萩本さんにヒントをいただくことができましたが、師匠を持たない芸人さんが多くなった昨今では、そうした機会も少なくなっているのかもしれません。

そんな僕でも、しばらく番組の雰囲気に違和感を持ち続けてしまったのが、『笑っていいとも！』です。

レギュラーになった当時、僕はまだ『カックラキン大放送』に出演していました。そこでは脚本どおりに演じればよかったのでまったく問題はなかったのですが、『いいとも！』ではフリートークをしなければなりません。しかも9割以上のお客さんが女性です。子どもの頃から男を笑わす方法しか知らず、コサキンラジオのファンの集いに来てくれるリスナーも、劇団のお客さんも9割が男性という僕には、戸惑いしかありません。しかもそのほとんどがジャニーズアイドル目当て。ダウンタウンと同じ曜日のレギュラーのときは、彼らのファンばかりで完全アウェイ状態……。

アルタスタジオの客席を埋める9割の女性を見るたびに違和感しか持てなかった僕は、

自分を主張せずにおとなしく出演するしか手立てがなく、どうしよう、どうすればいいのだろうと思い続けて8年が経過していきました。

そうして迎えた40歳。僕が31歳のときに生まれた娘の麻里が9歳になり、当時通っていたインターナショナルスクールの友だちを自宅に連れてくるようになりました。外国人の9歳というと、日本の9歳よりかなり大人っぽくてね。内心驚きつつも、父親として爽やかに対応していたと思います。

そんなある日、『いいとも！』のオープニングで客席を見渡して、ふと思ったのです。

「ああ、この子たちは、麻里の友だちの数年後だ！　何だ、緊張する必要ないや」

そこからストーンと違和感がなくり、番組に合わせて適度に自分を出せるようになったのです。普通の番組なら1か月程度でそれができるところ、『いいとも！』では8年もかかってしまいましたけどね。おかげで29年間、レギュラーを務めさせていただけました。

年を重ねた最近は、テレビへの関わり方で少し意識していることがあります。

僕は何回か『千鳥のクセスゴ！』という番組から出演オファーをいただいたのですが、例えばそこで飯尾和樹君クラスの芸人と一緒に登場すると「またベテランがイキって……」と言われる可能性があるからイヤだと考えて、娘の麻里と出演させていただきました。

すると案の定、千鳥のふたりが「おいおい、娘さんの前やぞ！」と突っ込んでくれて、すごく助かったんです。麻里が相手だと「ちゃんとした娘さんにバカなコントをやらせて……」というふうに逃げられるんですよね。あ、これも「逃げ道」でした。

ラッキィ池田と出演したときは、劇団のノリでおかしなことをやりすぎて「わからん」と言われてしまいましたが、その感想はとても正しいと思っています。

決して、笑いで人を傷つけない。僕がずっと守っているポリシー

僕がお笑いという仕事をしていく上で大事にしているのは、

「相手を傷つけるような表現をしない」

「自分が言われてイヤなことは他人にも言わない」

ということです。

特に、視聴者の方が番組に出演する場面では言葉のチョイスに細心の注意を払っていま

す。なぜなら、そのときに出演者から言われたことを、番組を観ていた知り合いや友達にずっと言われ続けてしまう可能性があるからです。

僕らのような芸人やタレントは、テレビに出演する以上、どんなことも受け入れなければならないというところはありますが、視聴者の場合はそういうわけにはいきません。だから、たとえ笑いにできそうな特徴を見つけてしまったとしても、それをストレートに口にしてはいけないのです。

『いいとも！』で、有名人にそっくりな視聴者が登場するというコーナーを任されたとき、僕の「ひと言コメント」が話題になったことがあります。

そのコーナーは、まず有名人のそっくりさんを推薦する人物が出てきて推した理由を軽く話し、その後にカーテンが開いてそっくりさんが登場する段取りでした。僕は進行役として、まずは推薦者の印象を2・5秒くらいの間にひと言で表現しなければなりません。

僕はいつも、推薦者を「遊び人タイプ」「真面目タイプ」のふたつに分け、さらに真面目タイプのほうを「明るい系」と「内向的系」に分けて考えていました。

中でも表現が難しいのは「真面目タイプ・内向的系」です。

「毎晩、藁人形に釘を打っています」

なんてコメントしたらあきらかに傷つけてしまうし、友だちから「呪い人間」とか言われかねませんよね。なので、内向的ゆえの孤独さや内にこもる性格から瞬時に連想して、

「昨夜、詩集を書き終えました」

とか、女性なら自宅にこもって何をしているのだろうと妄想して、

「編み物が得意です」

とかね。さらに、

「いつもつけているシュシュは、手作りです」

と言えば、ちょっとファンシーな雰囲気も漂わせることができるので傷つけませんよね。ただ、どうしても的確な表現が出てこないときもあって、そういう場合は、

「カレーが好きです」

「今朝、鏡の前で髪の毛をとかしてきました」

とか、誰にでもあてはまるようなコメントでごまかしていましたけど。

ちなみに自分の劇団『カンコンキンシアター』では「裏の関根」全開で、下ネタをはじめとしたひどいことばかりやっていますが、それでも特定の人物を傷つけるようなネタは断じてやっておりません（と、思います）。

仕事は、楽しく気持ちよく。他を活かして自分を活かす

現場で心がけていることが、もうひとつあります。

それは、「みんなで一緒に気持ちよく仕事をする」ことです。

出演者だけでなくスタッフも全員、気持ちよく仕事ができればいい番組が作れます。

それがひいては高視聴率に繋がって、番組が長く続いていくと考えているんです。

例えば、メイン司会の人が扱いにくい性格だったり、ゲストが天狗になっている人だったりすると、フロアにいるＡＤ（アシスタントディレクター）さんは非常にストレスフルになりがちです。そこを強く意識しているわけではないけれど、僕は空き時間にＡＤさんとずっとしゃべって、バカなことばっかりやってきました。

そんなふうに接してきた人の中には、番組のメインプロデューサーにまで上りつめた人もいます。彼とは今でも仲良く付き合っていますし、僕の劇団の旗揚げから30年以上、毎回観劇してくれています。

でも僕は別に、彼が偉くなりそうだと踏んで仲良くしていたわけではありません。ただみんなが楽しく、面白く、仕事をしてほしいと思っていただけです。

平成元年に自分の劇団を起ち上げてからは、若手芸人や今ひとつくすぶっている芸人がどうしたらウケるか、どうすれば輝かせられるかということも考えるようになりました。

例えば事務所の後輩、「キャイ〜ン」の場合。

彼らは『いいとも！』でようやく世に出ることができたのですが、そこで僕とタモリさんが話し込んでしまうと、若手だからなかなか入ってきづらくなってしまいますよね。だからウド君や天野君に話を振るわけです。すると視聴者に彼らの面白さが伝わるだけでなく、番組がバランスよく出来上がるから、視聴者は「また観よう」と思うわけです。

僕はテレビが大好きでいつも観ているので「この人は前に出すぎているな」「つまんない話をしているな」「偉そうだな」など、視聴者として捉えたことを反面教師にしているところがあります。つまり番組に出演する側でも、常に視聴者の立場を考えるわけです。そうすると「関根勤のことはもう何年も見ているからわかっている」「あれ？　後ろになんか面白い人いるじゃない？　もっと見てみたいな」ということが見えてくるのです。

目先のことや、自分がウケることだけを考えるのではなく、番組全体がウケることを常

に俯瞰で考えることは、番組の存続という点において重要です。番組が続いていく中で、数回に1回面白いことをバーンとやって、時々視聴者の印象に残ればそれでいいんです。

要は、「他を活かして、自分を活かす」なんですよ。

20代の頃は余裕がなくて、「とにかく何かやらなきゃ生き残れない」と、自分のことしか考えられませんでした。

その考えが変わったのは、今思えば娘の麻里が生まれた頃だと思います。親になると、それまで我慢できなかったことも我慢できるようになるんですよ。

劇団の座長になったことも大きな要因のひとつでしょう。舞台で若手たちをどう活かせば面白さが伝わるのかと考えるようになったことは、かなり刺激になりました。

おかげさまで、「キャイ～ン」も「ずん」も、スターになりました。ただ「ずん」の飯尾君の場合は、あまりにも地味だったので途中でちょっとあきらめかけたこともありましたが何とか踏みとどまり、粘りに粘ってついにブレイクしたという感じです。

お笑いでも時代の波を読むことが重要。常に若い人からのリサーチは欠かさない

「関根さん、若いですよねえ」

とよく言われるのは、おそらく小学生の孫たちと毎日遊んで子どもになっているからだと思うのですが、果たして肉体年齢は70歳。脳もそれなりという感じです。

でも僕は、若い年代の人たちが何を考えているのか、どういうものが流行しているのかということをリサーチするのが大好きです。

この間テレビを観ていて知ったのが、ＬＩＮＥの文章のこと。今の若者は短文じゃないと読みたくないそうですね。それであるとき、25歳くらいのメイクさんに「3行ぐらいまでならいいの？」と聞くと「3行……長いですね」との答え。僕が驚いていると「どうしても伝えたいことがあれば、まず1行で区切って送って、次にまた1行で送ってもらえれば」だそうで。好きな人からのＬＩＮＥでも、長文だと冷めてしまうらしく……今はそういう時代なんですね。

先日、某大御所女優さんからお礼のお手紙をいただいたのですが、巻物か果たし状かというほど長い上に、達筆すぎて3分の1しか読めませんでした。ちなみに僕は便せん1枚程度の返信を送りましたが、ある人はハガキで返信してものすごく怒られたそうです。

つまり昔は、文章が長くないと失礼だったわけです。

手紙ひとつとっても、時代は変わったなあと感じます。

だって「了解」のことまで「り」って略しちゃうんですよ？　大御所なら激おこです。否定はしませんが、そんなふうにすべてを省略化する人たちへ伝えたいことがあります。

「いろんなものをどれだけ省略しても、妊娠期間の10か月は縮められないですよ」

つまり、「人間という生き物は基本的には変わらない」ということ。原始的な部分は変わっていないのに、省略ばかりしてどうにかなるんでしょうか。

テレビ番組の構成にも、同じことを感じることがあります。

僕は、あるモノマネ番組の審査員をしています。メイン構成は、モノマネで1コーラス半くらい歌って競うというものですが、その中に5〜30秒の超ショートネタでモノマネを披露するコーナーがあります。先日、その収録に行ってみたら、すべてがその超ショートネタで構成された2時間番組になっていました。全部で67ネタを見て審査しましたが、正直に言えばそのほうが面白かったです。歌のうまい人にたっぷり歌われても、視聴者は飽きてしまうのだろうなと感じましたね。

今の時代、あらゆるもののテンポがどんどん速くなっています。

そのせいか、Z世代は歌のイントロを聴くのが面倒なのだそうで、最近の曲はイントロなしのものが多いのだとか。でもそうすると、イーグルスの『ホテル・カリフォルニア』は聴けないでしょうね。イントロだけで50秒くらいありますから。録画したドラマも2倍速で観ているそうです。でもそうすると、本田博太郎さんのものすごく長い「間」をとる演技は観られないでしょうね。映画も、映画館で観ると2倍速できないので足が遠のいているとか。自宅の小さな画面で観ていると、僕も時々2倍速で観たくなるときがあるのでちょっとわかります。

そういう意味では、芸人たちの芸風も変わっていっているような気がします。

かつて漫才の持ち時間はおよそ7分間でした。でも今はＭ―１で4分間、ネタ番組では3分間くらいです。最近始まったベテラン芸人枠のトーナメント『ＴＨＥ ＳＥＣＯＮＤ』では制限時間を7分にしていましたが、観ていてちょっと長く感じたということは僕も最近のテンポの速さに馴染みつつあるのでしょう。とはいえ、自分が座長を

務める劇団の公演時間は5時間を超えるときもあるほど、クドく長くやっちゃっています。ただ、お客さんの大半が50代で、しかも舞台という空間なので、テレビとはまた別物ですけどね。

今は省略化と、テンポの速さが〝キている〟。

そんなふうに「時代を読む」ことは、仕事をしていく上で重要です。だから僕は、現場で会った若い世代の人たちにいろいろ情報を聞いて、ある程度は知識として入れておくようにしています。

でもあるとき、ロケ先に忍者の格好をしているカップルがいたので「お、忍者だね」と声をかけたら「鬼滅の刃です」と返されたときにはヤバい！と感じちゃいましたね。あわてて映画館に行きました。『VIVANT』も、情報収集の一環として観ました。

そうしていると、あらゆる世代と会話ができるのでとても楽しいです。

ある程度年齢がいくと、時代を追いかけなくなっていくもの。それでも僕が続けているのは、その話題が出たときについていけない自分がイヤだからです。おかげでジェネレーションギャップもあまり感じていませんが、もともと音楽にはさほど興味がないので「YOASOBI」とかあの辺の歌はよくわかりません。

ただ、新人グラビアアイドルは全部押さえています。今は菊地姫奈ちゃんがいいですね。志田音々ちゃんもよく笑うので好きです。

僕にとっては先輩も後輩もなく、全芸人が「仲間」。事務所の垣根もなし

芸能界の体質も、昔とは大きく変わりつつあります。

芸人界では、かつての大御所のような豪快なタイプは姿を消し、若手たちは自分の生活を尊重して先輩と飲みに行くという人も少なくなったようです。

聞くところによると、かつての吉本興業には「先輩の誘いは絶対断らない」という風習があったそうで、食後に電話がかかってきても「お腹空いています！」と馳せ参じたり、真夜中に誘いの連絡があっても「起きていました！」と大急ぎで出かけたりといったエピソードは有名でした。

でも今は、「あ、もう食べたので行きません」と断る人が増えたとか。

僕は、それでいいと思っています。だって、相手の都合も考えずに「絶対に来い！」と

いうのはパワハラですからね。

そもそも僕は昔から、先輩後輩関係というのが好きではありませんでした。

僕が若手の頃の事務所の先輩といえば、元祖天然ボケの斎藤清六さんと、「仏のだんきち」と呼ばれていた車だん吉さんくらい。みんな優しい人ばかりだったので、パワハラまがいのことなど一切ありませんでした。

僕より後に入ってきた小堺一機君は後輩にあたりますが、お互い『しろうとコメディアン道場』出身ということでまったく先輩意識はなかったし、僕よりも先に売れてすぐ抜かれちゃいましたからね。あっという間に売れて、28歳で『いただきます』という昼の帯番組のMCになり、その後もドラマの主役に抜擢されたりして、本当にすごかったんです。お笑い界でトレンディドラマの主役を演じたのは、小堺君とさんまさんくらいじゃないでしょうか。ちなみに小堺君のドラマのお相手は、科捜研の女（沢口靖子さん）でした。

今、事務所の中ではおそらく僕がいちばんの先輩だと思います。後輩には、「キャイ〜ン」「ずん」「イワイガワ」をはじめ、「流れ星」「どぶろっく」などがいますが、年齢や芸歴の違いを意識したことはほとんどありません。

僕の中では、全芸人が「仲間」なんです。事務所の垣根も意識していません。

僕はお酒が飲めないので「飲み会」的なことはやりませんが、いろいろな人を誘って食事に行くことはよくあります。

あるとき、僕と娘の麻里、そして初対面の後輩芸人たちであるテレビ番組に出演することが決まり、親睦を深めるためにみんなでカレー屋さんに行ったことがあります。話が弾み、あれこれおしゃべりしているところへ注文したカレーがきたのですが、僕がまだずっとしゃべり続けていたら、麻里がテーブルの下で僕の足を蹴るんです。フザけているのかな?と思ったのでまたしゃべり続けていると、足蹴りがもう1回。何をしているのか全然わかりません。その後も、後輩たちに「もう一杯飲めば?」と言ってみたのですが、「大丈夫です」と言うのでそれ以上は勧めないでいたところ、またテーブルの下で麻里の足蹴り。僕としては「はあ?」という感じです。

すると帰りのタクシーの中で、麻里からこっぴどく叱られまして。

「親父がカレーに手をつけないと、みんな食べられないよ。いつまでしゃべってんだよ」

「ビールを勧めるときも、2回言わないとダメなんだよ!」

との理由から、足蹴りを食らっていたことがわかりました。

麻里は、そうした場の空気を読んで気遣いのできるタイプなので、ものすごく気になっ

たようです。でも僕は、先輩後輩なんて気にしないから、勝手に食ってもらっていいし、勝手に飲んでもらっていいタイプなので、全然気づきませんでした。

でもよく考えれば、後輩からしたら僕は先輩だし、しかも初対面だからどうしても気を遣ってしまうんですよね。僕の「自由に食べて飲んでね」というスタイルを知っている相手なら気楽だろうけれど、知らない相手にはある程度の気遣いが必要だと学びました。

最近も、僕の大好きな「5GAP」のクボケンや「あぁ〜しらき」、「や団」の本間キッド君なんかとご飯を食べに行きました。礼儀にうるさい麻里は不在でしたが、みんなとても楽しんでくれていたと思います。

「関根の笑いは何か嫌い」と言いつつ、根気強く見守ってくれた萩本欽一さん

全芸人を「仲間」だと思っている僕でも、お笑いの大先輩として敬意を表している方がいます。

それが、萩本欽一さんです。事務所の大先輩であり、今では僕の師匠でもあります。

萩本さんは浅草で、軽演劇の先輩から基礎を一から学んだという、しっかりした経歴を持つ方です。

ところが僕は、テレビでクレイジーキャッツ、林家三平、てんぷくトリオ、モンティ・パイソンなんかを見て、勝手に自分の中でミックスしたような芸風で、師匠もいなければ基礎もないままデビューした、素人同然の男です。

だから萩本さんは最初、僕に対してものすごく違和感を持ったと思います。

若い人はそれでも面白いと言ってくれましたが、基礎を積んだ人からは評価されなくて当然です。

「関根の笑いはわからない」

「何か嫌い」

と言われ、最初は挨拶すら返してくれませんでした。

一方で親友の小堺君は、萩本さんにとても気に入られていました。彼は、ジャック・レモンやチャップリンといったオーソドックスでエンターテインメントのような芸が大好きだったので、萩本さんも理解できたのだと思います。

一方僕は、モンティ・パイソンのようなマニアックなお笑いが好き。おまけにカマキリ

男とか、ワケのわからないことばかりやっていたのですから。

しかし『欽どこ』に呼んでいただいてからは、萩本さんのアドバイスで「１００万円持っています芸」を封印し、芸名も「ラビット関根」から本名の「関根勤」に変えて、お客さんにも少しずつ受け入れてもらえるようになり、ごくごく普通の会話を徐々に積み重ねていった結果、「関根はどうやら普通の人間みたい」と思ってくれたようです。

それからずいぶんと時間が経ってから、僕と小堺君のふたりで「僕らは萩本さんの弟子ということでよろしいでしょうか」と聞いたら、「いいよ」と言ってくれました。この一件は、コサキンのラジオでは発表しましたが、マスコミや報道には伝えていないので、弟子認定は公式のような、非公式のような感じになっています。

以降、萩本さんがＭＣを務めていたスポーツ系の番組には必ずパネラーとして僕を呼んで話題を振ってくれたり、最近では萩本さんのＹｏｕＴｕｂｅ番組にも呼んでくださるようになったので、時間をかけて信頼を勝ち得たと思っています。

実はもう一つ、僕は萩本さんからアドバイスをもらっています。

32歳くらいのときでしょうか。

「小堺はひとりでしゃべれるから司会向き。だから今後はメイン番組をやるかもしれない。でも関根はいろんな番組にゲストで出て、何か変なことをやるのが向いている」

そして

「関根は、40歳からだな」

とも言われました。

当時はまだアクと毒とヌメリが抜け切れていなかったので、40歳を過ぎた頃にはそれが消えてくる、そこからがいいぞ、ということだったのでしょう。

僕はそのとき、最初は「え？　まだ8年もあるの？」と思いましたが、「待てよ？　逆に捉えれば、8年間は消えないんだ！」と思い直し、頑張ろうと思ったのです。

そして萩本さんの言ったことは、現実になりました。

小堺君は『いただきます』の司会になり、僕は『欽どこ』を卒業してから『笑っていいとも！』『さんまのスーパーからくりテレビ』『奇跡体験！アンビリバボー』と、次々仕事が来るようになり、『ダウンタウンＤＸ』にも出演するようになって、40歳になると『王様のブランチ』という番組の立ち上げから声がかかってレギュラーになり、『ジャングルＴＶ』でもタモリさんと再び共演することに。このときは、関西からまだ若手だったナインティナインを呼ぶにあたり、彼らと年齢が離れているタモリさんとの間に入ってほ

しいというリクエストをいただいて出演が決まりました。

名前を「関根勤」に変えて以降、以前よりもナチュラルになったせいか、番組の起ち上げから声をかけてもらえるようにもなってすごくうれしかったので、僕は40歳になったときに萩本さんのところへ報告に行きました。

「仰ったとおり、40歳からクオリティの高い番組のお仕事をいただいています」

すると萩本さんがひと言。

「関根は50から。本当は50から」

……おそらく、萩本さんの予想よりもアクが薄まっていなかったんでしょうね。

でも50歳になったときには、報告に行きませんでした。なぜなら、今度は「関根は60から」と絶対言われるはずなので、それはもう耐えられないと思ったからです。

ただ、僕が60歳くらいのときに、

「関根は若いヤツと一緒に番組に出ていても違和感ないな」

と言ってくれたのはうれしかったです。ちゃんと僕が出演しているバラエティ番組を観てくれているんですよね。

でも萩本さんは今でも「関根の笑いはわからない」と言っています。

挨拶は、キャッチボールの一投目。やっぱりいつの時代も欠かせない

先輩後輩関係にはまったく垣根を作らない僕ですが、だからといって礼儀をわきまえない人はいかがなものか、と思っています。

中でも大事なのは「挨拶」。

挨拶がなかったからといってムカッとしたり、嫌いになったりすることはありませんが、やっぱりテレビ局でも楽屋まで挨拶に来てくれる後輩は「可愛いな」と思うし、先輩なら「ちゃんとした方だな」と思って好印象になります。

芸能界でもジャンルの違う方々は、共演しても楽屋まで挨拶に来ない場合がほとんどなのでまったく気にしていませんが、芸人好きでお笑い好きの菅野美穂ちゃんや天海祐希さん、どんな相手にもきちんと振る舞う木村佳乃さんは、いつも挨拶にきてくれるのでやっぱり大好きです。この間は八潮高校卒の後輩の二階堂ふみさんも挨拶に来てくれました。セクシーでした。

芸人さんの場合は挨拶に来る人と来ない人、まちまちです。でもまったく気にしません。挨拶するもしないも、相手が決めることですからね。例えば若くして売れて、僕に挨拶をする必要はないと考えているなら、その気持ちを尊重します。腹も立ちません。「彼はそういう選択をしたんだな」と、あくまでも客観的に思うだけです。

けれど中には、「挨拶がない！」と言って怒りまくる芸人さんもいます。

関西の某大御所芸人さんは、かつて挨拶にとてもうるさい人でした。そのせいで若手芸人たちから煙たがられていたのですが、あるとき、その方より半年先輩の芸人さんが「若手が煙たがっているからもうやめろ」と注意したのです。するとその方は、

「でもな、こういう礼儀っていうのは伝統的に守らなあかんのよ。僕たちが見逃したらズルズル崩れていくよ」

と言ったそうです。

その大御所芸人さんの考え方、僕は一本筋が通っていて大好きです。けれど、時代も常識も変わっていくので、仕方がないのではないかと思ってしまう気持ちもあります。

伝統といえば、京都にある某有名撮影所のスタッフさんは、かつてクセがあって大変な人ばかりだったと聞いたことがあります。それも、あのおしゃべりな柳沢慎吾君がおとな

しくなるほど強烈だったらしいのです。ある番組で共演中の慎吾ちゃんがとにかくうるさくて、休憩中もずっとしゃべり続けていたので、「慎吾ちゃん、明後日から京都なんだって？」と言った途端、すごく憂うつな顔をして5～6分静かになったほどです。

そんな大変なところへ、あるときに斎藤精六さんが行かなければならなくなったことがあります。これは大変だと事務所のスタッフが大勢付き添い、撮影所のスタッフさん全員にきちんと挨拶をしてビールを差し入れたところ、みんなから「清六ちゃん清六ちゃん」と可愛がられたとか。しかも清六さんは威張っていないどころか、フォローしたくなる人ですからね。当時は『欽どこ』で顔が売れていたことも手伝って、寵愛されたそうです。

そんな逸話を聞くと、やはり挨拶は大事だなと思うのです。

人間は平面ではなく凸凹な面を持っているので、ボールを投げたら返ってくる人もいれば弾いちゃう人もいるものです。だからこそ、まずは挨拶というボールを投げてみる。そこから人間関係のキャッチボールが始まるのではないでしょうか。

ちなみに僕が京都の某撮影所で初仕事をするとしたら、低姿勢の質問形式でいきますね。例えば衣装さんに「汗をかいたらどうすればいいですか」「足袋はワンサイズ大きめのほうがいいですか」みたいにね。そうすると、いちばん得意なことを聞かれているわけ

だから教えてくれますよね。要するに「初心者であります。だから教えてください」というふうにいくわけです。虚勢を張って上からいくから摩擦が起こってしまうのです。

でも今は、そんなクセのあるスタッフさんもいなくなったでしょうね。時代は変わりましたから。

僕は、全芸人のファン。お笑い界のためにみんなに頑張ってほしいと思っています

「芸能界で関根さんのことを嫌いな人っていないんじゃない?」

「関根さんの悪口って聞いたことないよな」

若手の芸人たちが、テレビやラジオ、ＹｏｕＴｕｂｅなどでそんなふうに僕のことを話題にしてくれることがよくあります。

そんな自覚はあまりないのですが、そう言ってもらえるのはうれしい限りです。

そういえば僕の劇団の公演にも、毎年たくさんの芸人さんたちが訪れてくれるようになりました。南海キャンディーズの山ちゃん、出川哲朗君、藤井隆君、それにタモリさんや

さんまさん。タモリさんは普段舞台を観に行かない人なのに「何のメッセージ性もないところが好き」という理由でいらしてくれます。さんまさんも毎年来てくれて、出演者に的確なダメ出しをして帰っていきます。すると、次の日から確実に笑いが増えます。まあ特殊な舞台ですから、玄人ウケするのかもしれませんが、本当にありがたいことです。

こうして、芸人仲間からよい評価やお褒めの言葉をいただけるのはなぜだろう？

そう考えたとき、ひとつの答えが浮かびました。

それは、僕がすべての芸人の「ファン」だからなんです。僕は全芸人が大好きで、全員に頑張ってほしいといつも思っています。

音楽界、俳優界、そしてお笑い界。芸能界は大きく分けてこの3つで成り立っているのですが、やっぱりお笑い界を応援したいんですよね。

でもなぜか昔から、お笑い芸人は低く扱われがちなんです。顕著なのは『オールスター感謝祭』。最前列に座っているのは大体が役者さんで、芸人はかなり後方、よくて3列目くらいに座ることがほとんどです。そんな光景を見るたびに、僕は「あれ？　前列の役者さんより、あの若手芸人のほうが好感度上ですよ」なんて思っているのですが、要は「見た目」がよい人が前列にいたほうが華やかに見える、ということなのでしょう。

ところがある年の感謝祭で、「キャイ〜ン」が最前列に座っていたことがありました。僕はうれしくてうれしくて、思わず天野君の留守電に「うれしいよ！　やってくれたな！お笑い界が最前列だよ！」とメッセージを残してしまったほどです。

しかしそれ以降、最前列に座る芸人の姿を見たことはありません。お笑い界の将来を担う若手たちには、頑張ってほしいと心の底から思っています。

だってね。世の中には「笑い」が絶対に必要なんです。

笑いには、あらゆる負の感情をリセットする力があるのですから。

面白い芸人を見たら、もれなく褒める。テレビとお笑いを愛しているから

僕がまだ3歳4歳の頃には一般家庭にテレビがあまり普及していませんでした。当然我が家にもテレビはなく、当時は近所のお金持ちの家まで行って観せてもらったものです。父親が頑張って働いてくれたおかげで、我が家にもやっとテレビがやってきたのが僕が6歳のときで、そこから「超テレビっ子」になりました。

テレビはまさに、僕をものすごく喜ばせてくれる「魔法の箱」だったのです。

そして今でも「一視聴者」として、毎日何時間もテレビを観ています。でもドラマを観たのは『半沢直樹』と、Ｎｅｔｆｌｉｘで『サンクチュアリ』くらい。ほとんどはお笑いとバラエティー番組ばかり観ています。

しかも全録テレビでしっかり録画をして観ているので、内容を全部覚えているんです。それで番組の収録などで、テレビで観た芸人さんに会うと必ず、

「あの番組のあそこ、面白かったね！」

「最近、頑張ってるね！　いいなあ！」

と、声をかけてしまいます。

でもこれは、社交術ではありません。

本当に面白かったから、一ファンとして褒めているだけ。

でも僕が、ネタやギャグについて「面白かったよ」と感想を伝えることで、その芸人さんの自信に繋がったらうれしいな、という気持ちはあります。

「関根さん、そんな番組まで観ているんですか？　マニアックですね～！」

と、呆れられることもありますけどね。

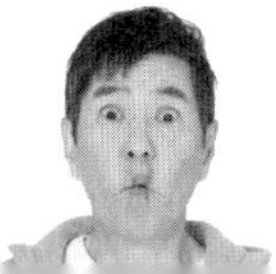

全芸人のファンで、お笑いが大好きだから、地上波だけではなくBSもCSもくまなくチェックして、観てしまうんです。

そんなふうにほとんどのバラエティ番組を観て、面白いと思ったら顔を合わせたときには絶対に褒める。それが僕の応援の仕方です。

でも褒められてイヤな気持ちになる人って、たぶんいないですよね。

僕もスベったとき、褒められて救われた。褒められることは原動力になる

実は僕自身も大先輩から褒められたことで、ずいぶんと救われたことがありました。かつて一世を風靡した「てんぷくトリオ」の三波伸介さんが、あるディレクターに「時間はかかるかもしれないけど、関根はモノになるからじっくり育てなよ」と言ってくれたことを知ったときには、本当にうれしかったものです。

関西の重鎮だった漫才師・鳳啓助さんは、僕の肩を揉みながら「頑張ってね～」と言ってくれたし、あの美輪明宏さんにも、

「あなたね、フランスの何とかっていう人に似ているのよ。オトボケで。いいわね～」と言ってもらったことがあります。「何とか」が全然思い出せませんが、とてもうれしかったことは覚えています。

時には、「スベった」と思ったネタを褒めてもらって救われることもあります。

『笑っていいとも！』の年末特大号で、毎年出演者によるものまねが恒例になっていたとき、僕はある年にＣ・Ｗ・ニコルさんのモノマネを用意していました。ところが僕が出演する前に、普段はモノマネなどしない草彅剛君なんかが登場して客席はバカウケ状態。そんな中、僕は何と最後の最後、大トリで登場し、「モリハアタタカ～イ」と言うと、客席はシ～～～ン……。

スベリにスベって、僕は思わず横を向いてしまいました。帰宅して録画を観たら、タモリさんや中居正広君がニヤニヤしている顔をカメラが抜いてくれていたので、オンエア上はそこまでダメージはなかったものの、シラけた会場でひどく辛い思いをしたものです。

しかしてその3か月後。ある番組でお会いした力士の武双山さんに、

「関根さん、Ｃ・Ｗ・ニコル、面白かったですよ！」

と言われて、とてもとても救われました。

最近では、オリエンタルラジオのあっちゃんこと中田敦彦君が、自身のＹｏｕＴｕｂｅで僕のことをすごく褒めていたそうです。僕はその動画を観ていないのですが、自宅の近所に住んでいる人が僕の妻に、

「奥さん！　あっちゃんがＹｏｕＴｕｂｅで旦那さんのことを褒めてましたよ！　笑っていいともで同じ曜日のレギュラーだったとき、関根さんはすべての人に同じ態度で接していた、あんな人はいないって！　いい旦那さんね〜」

と教えてくれたことで知りました。

さらにそのＹｏｕＴｕｂｅであっちゃんは、『いいとも！』の楽屋で僕と会ったときに「あっちゃんとはどうやって仲良くなろうか」と言われてうれしかったということも話していたそうです。僕は忘れていたけれど、彼はちゃんと覚えていたんですね。

褒められたこと、励まされたことは、どんなささいなことでも忘れないもの。

僕も褒めてくれた人がいたから、ここまで頑張ってこられたのです。

「褒める」ことは、相手の原動力に繋がります。

ただし、口先だけのおべっかはダメ。すぐにわかりますからね。

ちゃんと相手を見て、心の底から正直に褒めれば、必ず伝わります。

自然体でいることが、知らぬ間に他人を救っていることもある

僕は、全芸人のファンなので「あのとき、あの人のあのギャグが面白かった」的なことはしっかり覚えているものの、そのことについて褒めたことや、相手を励ますために放った言葉をあまり覚えていません。

でもどうやら、「いい種」をまいているようで、中には僕に「救われた」と言ってくれる芸人さんもいるのです。

あるＹｏｕＴｕｂｅ番組に、「極楽とんぼ」の山本圭壱君が出演していたので視聴してみると、僕に関するこんなエピソードを話してくれていました。

山本君はあるとき、ある人に年齢を聞かれたので27歳と答えたら「お前、この世界にしがみついてるね～」と返され、他人にはそう映っているのかとひどくショックを受けたそうです。その3年後、『笑っていいとも！』で同じ曜日のレギュラーだった僕に、同じく年齢を聞かれたので「30です」と答えたら、

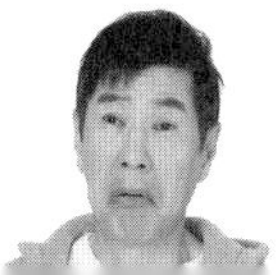

「30！　若いなあ！　まだまだいろんなことができるよね！　いいなあ、30！」

と返してくれたことで、暗黒の3年間が消えて救われた……という内容でした。

おそらく僕は、30歳という年齢に今後の可能性を感じ、本当にいいなと思って言ったのだと思います。それが山本君にちゃんと伝わって、救いになってよかった。

言葉だけではなく、自分では意識していない行動が人を救うこともあります。

元劇団のメンバーだったライターの山中伊知郎君が、僕の書籍を作ってくれたことがあります。業界のさまざまな人に、関根勤について取材した内容をまとめた一冊なのですが、かつてレギュラーだった『ジャングルTV』のプロデューサーが、

「関根君は、ゲストが来たときにいつも回してくれるので助かっていました」

と語ってくれていました。僕はただ一所懸命仕事をしていただけなのですが、そんなふうに思ってくれていたのかと、うれしく思いました。

中には、僕の芸風を見て「救われた」と思った芸人さんもいます。

「ナイツ」の塙宣之君が僕のYouTubeチャンネルにゲストとして来てくれたとき、こんな話をしてくれました。

「僕は以前、漫才というものはブレーキをかけるところはかけて常識的にいかなければな

らないと思っていたんです。でも関根さんの劇団の公演を観たときに『何だ、メチャクチャなこと言ってるな。自由にしゃべっていいんだ』という気づきをいただいたんですよ。あれから僕らの漫才は変わりました」

これはもう、芸人冥利につきる言葉です。

ちなみに僕はナイツの漫才が大好きで、いつも大爆笑しています。それもそのはず、その気づきがあって以降、塙君は「関根さんが笑うかどうか」を基準にネタを考えているのだそうです。だから笑っちゃうんです。標的にされているわけだから、当然ですよね。

劇団関連でいえば、ちょっと特殊な「救いの手」を差し伸べている面もあるようです。メンバーの中に、飯田あすかさんという女優さんがいるのですが、その弟さんが観劇後、

「お姉ちゃん、この舞台を観たら自殺しようと思っていてもやめるよね。だって、こんな人たちでも生きているんだって思えるから」

と、大真面目な顔で言ったそうです。

旗揚げ当時からのメンバーであるラッキィ池田は、

「あの舞台でエネルギーを発散できたおかげで、変な道に走らずに済みました」

と、感謝してくれています。

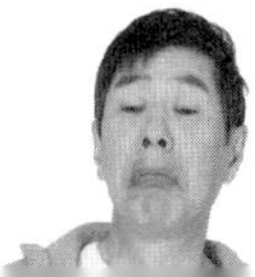

僕らはただただクダらないネタを披露しているだけなのですが、どうやら人によっては強烈なメッセージを受け取ってくれているみたいですね。

嫌われる芸人と好かれる芸人の違いはコンプレックスの扱い方にある

いろいろな番組でさまざまな芸人さんと仕事をしていると、

「この人は人望がないだろうなあ」

「後輩から嫌われているだろうなあ」

と感じてしまうタイプの人とどうしても遭遇してしまいます。

じゃあどんな人が嫌われるのか。そこにはいくつかの要素があります。

お笑い芸人の中には、子どもの頃から何かしらのコンプレックスを持っている人が少なくありません。成績が悪かった、運動音痴だった、いじめに遭った、昔は貧乏だったというのもありましたね。

そうしたコンプレックスをトラウマにまで昇格させず、いい意味でのバネにしてきた人は好かれる人間になっているなと思います。例えば僕も、勉強できない、運動できない、モテないというコンプレックスがありましたけど、今はどうやら好かれる人間になっているようです。

ところが逆に、コンプレックスをトラウマ級にまで育て上げてしまったり、恨みつらみに変換させてしまった人というのは、性格のねじれが言動に表れてしまうがゆえに嫌われちゃいますよね。

僕は直接会ったことはないのですが、ある芸人さんは、後輩にちょっとでもイジられると烈火のごとく怒るので、「とっつきにくい」「コワい」「絡みたくない」と敬遠されているそうです。

僕はこの話を聞いて、その芸人さんの中に「俺は二枚目だ」という強い意識があるのではないか、と分析しました。外見はかなりお笑い向きなんですけどね。きっと彼には僕以上にモテなかったとか、外見のせいでいじめられたといった体験があって、だからこそ「俺はカッコいい」と自分に言い聞かせなければ生きてこられなかったのではないか、と思うんです。でもね、お笑いはイジられてナンボ、みたいな職業でしょ。逆においしいのにね……きっとどこかでこじらせてしまったのでしょう。

それと、コワい人は好かれません。例えば、いつも周囲に大勢の取り巻きを従えてはいるのですが、「挨拶に来なかった」と言っては激怒し、ちょっと失礼なことがあると番組中でも相手の胸倉をつかんで怒鳴り散らし……ほとんど恐怖政治の世界です。

あとね、他人の話を聞かない、聞いてもすぐ否定する、会話の途中に割り込んで結局自分の話をするというような「オレ様」感が強い人も嫌われがちですよね。

誰とは言いませんが、ふた言目には「それってデータがあるんですか」と言う人、いるでしょ？　要するに「それは統計上の理論ではない」ということなのでしょうが、そう切り返されたらもう何も言えなくなりますよね。

芸人の中にも似たようなタイプがいて、どちらも一定数の人には支持されています。それはおそらく、自分が言えないことをハッキリ言ってくれるからでしょう。片や「大嫌い」という人も大勢いるようで、それは会話の中に「共感」がないからだと思います。せめて「なるほど、わかるよ」のひと言くらいは欲しいと思うのが、人の心ですから。

逆に、芸人界でみんなに好かれている人の代表と言えば、「笑い飯」の哲夫さん。

彼はとても真面目で誠実な人で、実はポケットマネーで勉強ができない子どもや経済的理由で塾に通えない子どもたちのために、「寺子屋こやや」というリーズナブルな学習塾を経営しているんです。性格も温厚で、哲夫さんと飲みに行った後輩芸人が途中で寝てしまってもまったく怒らず、逆に「疲れてるんだから起こさないでいいよ」とそっとしておいた上にタクシーで自宅まで送っていき、途中で後輩が吐いてしまったら背中をさすり、その吐しゃ物まで掃除していたそうです。

果てしなく優しいですよね。それもポーズじゃないから、好かれるんです。

マグロにジャムをつけて食べてもいい。味噌カツでもソースカツでもいい

そういえばかつて、「別に」発言で大ひんしゅくを買った女優さんがいましたよね。

僕はその報道を目にしたとき、「主役を演じた私がいちばん偉い」という気持ちの表れだな、と感じました。

でもね、ちょっと想像すれば見えてくることがありませんか?

例えば照明さん。一人前になるまで勉強と努力を重ね、たくさんの映画を観ながら照明の工夫を研究してきたであろう人が担当しているんです。カメラマンさんだって助手から

コツコツやってきただろうし、音声さんもさまざまな機械を勉強してきただろうしね。共演者がいなければ主役は際立たないし、監督と脚本家がいるから映画を制作できるわけ。つまり、映画に携わった全員が一流の人だということです。

そうした周囲の人たちのことを考えたら「別に」なんて言えないですよね。想像力がない。自分しか見えていない。だから嫌われるんです。

例えば大谷翔平君のようなプロのスポーツ選手やオリンピック選手は、試合後のスピーチで必ず「ずっと支えてくれた両親やトレーナーに感謝しています」と言いますよね。努力と苦労を重ねてきた人は、自分以外の周囲の人もちゃんと見えているのだと思います。

昔、名古屋出身のタレントさんが「味噌カツおいしいですよ」と教えてくれたので、食べに行ったことがあります。でも僕ら東京の人間は「ソースカツ」に慣れているので、味噌だとちょっと豚のえぐみを感じてしまいました。それで「こないだ味噌カツ食べてきたんだけど、僕らは小さいときからソースで食べていたから、味噌も美味しいけどやっぱりソース味かな」と報告すると、「いや、味噌が一番です!」と突っ返してきました。

僕なら、「そうですよね。私たちも小さい頃から味噌カツを食べているから、どうしても一番だって思っちゃうんです」と、いったん受け入れてから意見を言うと思います。

相手に共感するには経験値も大事ですが、その人の背景を考える想像力も必要です。食べ物でいえば、『秘密のケンミンＳＨＯＷ極』という番組。スタート当初は、お互いのご当地食をけなしあっていました。

例えば「おでんが余ったら次の日天ぷらにするんです」という話があったとしたら、必ず「え〜！」という否定から入るわけです。そのやり取りをテレビで観ながら、僕はいつも「へ〜！ 食べてみたいなあ。どんな味なんだろうって、何で言えないんだよ！」とツッコんでいました。僕はたとえ「マグロの刺身にジャムをつけて食べるんです」と言われても、「どうしてその組み合わせにたどり着いたのだろう」と想像を巡らし、興味津々で聞いちゃいます。

頭ごなしに否定せず、まずは共感すること。固定観念で判断せず、想像してみること。このふたつの「力」があれば、大体は嫌われません。

実は、55歳まで失言だらけだった僕。今はすべてのことに感謝の気持ちです

ここまで、さも自分に共感力と想像力があるような話をしてきましたが、実はそうでもなかったと猛省したことがあります。

それは僕が、55歳のとき。

なぜか「すべてのことに感謝をしたい」という気持ちが開けたんです。

最初の気づきは、毎朝食卓に僕の好きなチーズパンと紅茶が用意されていることについて。ふと、こんなことを感じたのです。

「あのチーズパンは、妻が買い物でパン屋に立ち寄ったとき、お父さんはチーズパンが好きだから買ってあげようと思って、ちょうどいい力加減でトングで挟んでトレーにのせてくれていいるんだ！　彼女の好意がそこにあるんだ！」

そのとき僕は、マネージャーの運転する車で仕事に向かっていたのですが、現地に着くと仲間と話し込んでしまうので、その場ですぐに妻に電話をして、

「朝はいつもチーズパンを用意してくれているよね。いつもありがとう」

と伝えたところ、ちょうど人間ドックの結果が出る頃だったこともあって、

「え？　死んじゃうの？」

と返されてしまいました。

まあ、何の脈略もなくいきなり伝えれば、そうなりますよね。でもさらに、僕のためにいつもチーズパンを買ってきてくれるということを今まで気付かなくてごめんねと伝えたら「うん」と言ってくれました。

55歳といえば、いわば人生の折り返し地点。だからこそ、いろいろなことが見えてきたのかもしれません。それ以降僕は、できる限り今の感謝の気持ちを伝えて、謝るべき人には謝っていこうと思うようになりました。

そして思い出したのが、小堺君との一件です。

ふたりでラジオを始めた頃、赤坂のとんかつ屋さんで食事をしている最中に、小堺君が自分の気に入ったギャグを繰り返し言い続けていて、うるさいなと思った僕は、

「さっきからそのギャグ言ってるけどさ、全然面白くないよ」

と言ってしまったのです。

するとまだ若くて血気盛んだった小堺君がカッとなって、

「その言葉、そっくりそのまま返すよ！」

と返してきたことがありました。

55歳になってそのことを思い出し、「本人は気に入っていたギャグなのに、余計なことを言っちゃったな」と反省した僕は、小堺君に会った際、

「あのときは余計なことを言っちゃってごめんね」

と謝罪しました。すると小堺君も、

「え、オレそんなこと言ったの？　こっちこそごめんね」

と言ってくれたので、無事解決です。

でもね、他にもたくさん謝りたいことがあるんです。

まずは20歳のとき、初デートにブルース・リーのニットのチャイナ服を着ていって恥ずかしい思いをさせた彼女。まあこの一件は、林君を通じて謝罪の言葉を伝えてもらったので解決したと思います。

あとは、ドラマで共演した田中好子さん。本当にひどい演技をして迷惑をかけたのでお会いして謝りたかったのですが……もういなくなってしまいました。

中には、本当に失礼なことを言ったのに覚えていない件もあるんです。

例えば、学生時代にすごくモテていた真面目そうな女のコ。60歳近くなって同窓会で再会したら、ハッちゃけた面白い人になっていたのですが、そのとき彼女からこんなことを言われたのです。

「関根君、覚えてる？　校舎の3階の窓から校庭を見ていたとき、私に『君は全然目立たないから、あの校庭のどこにいても見つけられないよな』って言ったのよ！」

何という失言……もう、その場で平謝りですよ。彼女はゲラゲラ笑って許してくれたのでよかったけれど、他にも失礼なことを言っているだろうなと思ったら、ゾッとしましたね。何だかんだ偉そうなことを言ってきましたが、僕も失礼な発言で人を傷つけてきたんですよ。でも、55歳のときに気づきがあって本当によかったと思います。

以降、失礼な発言には大変気をつけております。

タモリさん、明石家さんまさんのように「人を緊張させない天才」になりたい

僕の中では、タモリさん、明石家さんまさんこそ「嫌われない人」の代表です。タイプは違いますが、共通しているのは「人を緊張させない」という点でしょう。あれほどの大御所になってもそんなことができるのは、もう神業としか言いようがありません。

まずは、ダンディで知的なタモリさん。

還暦を記念して初めて僕が監督を務めた映画『騒音』に、何とノーギャラで出演してくださいました。そんなふうに気さくな人なので、ジャンルを問わず後輩たちからとても好かれています。その証拠に、草彅剛君は毎年お正月にタモリさん宅へひとりで行って4泊くらいしていますからね。それでもまったく文句を言わず、おいしい料理を黙々と作ってくれるそうです。

僕もタモリさんのご自宅にお邪魔したことがありますが、適度に放っておいてくれるの

で本当に居心地がいい。自慢話など一切せず、こちらの話をいつも面白がって聞いてくださるのもうれしいんです。ちなみにタモリさんが料理を作っている間、テーブルの上にあったピーナッツがうまくてずっと食べていたら、

「ダメだよ関根君、これから食事なのに」

と、たしなめられました。

明石家さんまさんは、何だかすごくカッコいいのにまったく気取っていない人です。若い頃は相当モテていただけに、二枚目な香りを漂わせているのですが、それを上回る三枚目の線で自分の欠点や失敗談ばかり言うので、思わず笑っちゃうんです。

反面、すごく男らしいところもあって、アンジャッシュの渡部君が復帰するときに、相方の児嶋君に頼まれたからと『白黒アンジャッシュ』というローカル番組に無償で出演したんです。それも一人で車を運転してきた上、スタッフに「ノーギャラは申し訳ないので」と説得され、収録１本につき１２５０円のギャラを受け取って帰られたそうです。

僕の映画『騒音』にも、さんまさんがノーギャラでの出演を快諾してくれた上に、さんまさん自身が事務所に話を持っていってくれました。そして御殿場の撮影所までひとりで運転してきて、予算もないだろうとお弁当も持参。現場では撮影前から出演者をいじり倒

して爆笑を取って帰っていきました。後日、「すごく楽しかったです」と言ってくれたのもうれしかったですね。最高にカッコいいと思っちゃいました。

ちなみにその映画には、みうらじゅんさんにもゲスト出演していただいたのですが、頭がいいのにサービス精神が旺盛、おまけに気さくで壁を作らない人でした。彼もたくさんの仲間がいて、たくさんの人に好かれていますよね。余談になりますが、『騒音』を見て「面白かったです。次回作に呼んでください」と言ってくれたのは二階堂ふみさんです。女優で唯一、『騒音』を観た人です。ちなみに男優で『騒音』を褒めてくれたのは斎藤工さんだけです。斎藤さんは唇がセクシーです。

さんまさんは、仕事に対しての姿勢もカッコいいんです。

かつて深夜帯のクイズ番組で、僕が司会をすることになったときのこと。プロデューサーとしては、さんまさんにも出演してもらいたいけれど深夜枠なのでオファーしにくいということで、僕に直接交渉をしてくれないかと言われ、さんまさんに話してみたところ、番組の説明も聞かずに「わかりました」と即答。『ジャングルTV』の2時間スペシャルの際も同じようなことがあったのですが、そのときも内容を聞かずに「わかりました」と即答。どちらの番組でも、きちんと爆笑を取っていきました。

僕の劇団についても、毎年観劇しては出演者にダメ出しをして帰っていき、次の日から内容が良くなるんです。あるとき「ゲネプロに来てくれない？」と頼んだことがあります。すると、

「それはダメ。関根さんの舞台だから」

と、筋の通った答えが返ってきました。

テレビでは、前に前に出ていくような印象があるかもしれませんが、きちんとわきまえている人なんです。まあ僕としては、さんまさんのダメ出し後には舞台全体がすごくよくなるので、できれば引き受けてほしかったんですけどね。

プライベートでも、さんまさんは常に全開です。

僕はよくさんまさんとゴルフをするのですが、あるときに僕の知人である茨城の男性も誘ってゴルフコースを回ったことがあります。するとさんまさん、その男性にもガンガンツッコミを入れるんですよ。芸能人だろうと一般人だろうと、おかまいなし！　でもそれは、さんまさんのサービス精神なんですよね。茨城の男性もゲラゲラ笑っていて、「さんまさんって面白い人だなあ」と感激してくれました。

プライベートでは、「オーストラリア睡眠導入剤混入事件」という逸話があります。

さんまさんが、佐藤浩市さん夫妻や浅田美代子さん、ラサール石井君夫妻とオーストラリア旅行をしたときのこと。昼間は炎天下でゴルフをして、夜は夕食後にさんまさんを中心に朝5時まで談笑するというのが2日間続き、みんなクタクタになっていたそうです。そこで3日目の夜、さんまさんを眠らせようと飲み物にそっと睡眠導入剤を混入したのですが、しゃべりたい意欲が勝って、まったく効果がなかったとか。

若手芸人を連れてキャバクラに行ったときも、キャバ嬢にまでツッコミを入れるそうです。そうかと思えば、フルーツの盛り合わせを注文してしばらくして、後輩が「師匠、そろそろフルーツ食べましょうよ」と言うと、「あそこのテーブルがまだウチらの盛り合わせを確認してないから手をつけるな」と気を遣ったりと、常に全方位を見ているわけです。場の空気を逐一読めるという点でも、すごいんですよね。まあ結局、フルーツには一切手をつけずに帰ってしまうらしいですが。

タモリさんも、さんまさんも、相手を緊張させない天才です。

それこそが究極の「嫌われない法則」なのかもしれません。

願わくば、僕もそうなりたいと思っているのですが……え？　もうなってます？

第4章

関根家の子育て論。妻と子どもと孫への愛

子どもが強く育つためには、幼少期にたくさんの「笑い」を与えてあげる

僕自身の経験からしても、幼少期の影響はとてつもなく大きいと感じます。

子どもの頃の僕はいつも笑っていたし、友だちも笑っていたので、プロになっても「笑ってもらう」ことがすごくうれしくて、頑張ることができたのだと思います。

自分の子どもも、そんな楽しい環境でまっすぐ育ってほしい。

そして、周囲を明るくできる人間になってほしい。

そう思った僕は、麻里が生まれる前に、当時流行していたアメリカ発のものから日本のものまで、子育てや幼児教育の本をたくさん読んだものです。

その中に「父親は娘のために何ができるのか」というタイトルの本がありました。

子どもに「辛い」と言われたら、まずは「そうだよね」と共感する。

その上で「でもそれは、これから起こるであろう退屈なことへの準備なのだ」と伝える。この文章には特にピン！ときましたね。

だから僕は第１章でもお話ししたように、麻里が「授業がつまらない」と言い出したとき、まずは「わかる！」と共感したのです。しかもその共感は、学生の頃に勉強が嫌いだった自分自身の実体験から発せられているので、かなりの説得力を持っていたと思います。

最近、夜遅くに塾から帰っていく子どもの姿をよく見かけます。おそらく両親は「いい大学に入るといい企業に就職できて、人生を豊かに過ごせる」と考えているのでしょう。それもまっとうな「親心」だと思います。よかれと思って子どもに「勉強しなさい」と言い聞かせているわけです。

しかし学習する能力と、社会に出てあらゆることに対応する能力は、別物です。企業側も、「学歴だけで採用したら人間力がなかった」といったことを山ほど経験していると聞いたことがあります。

身近な例で言えば、僕の兄貴の体験談があります。信用金庫に勤めていたのですが、ある年に「これからの信用金庫のあるべき姿」という１００枚のレポートを書いて提出してきた早稲田卒の新人が採用され、行員全員が「将来の役員が入ってきた」と喜んでいたそうです。ところが実際は電球ひとつ取り替えられず、服装の乱れも激しく……結局は「机上の空論」でしかなかったそうです。

勉強は大事。でももっと大事なのは、社会の荒波に耐えられる精神を養うこと。

そのためには、子どもの頃にたくさんの会話を重ねて、悩みや疑問に対してきちんと説明してあげなくちゃ。

そしてまっすぐな大人になってもらうためには、たくさんの笑いを提供して楽しい思い出を作ってあげなくちゃ。

僕はそういう信念で、子育てをしてきました。

「三つ子の魂百まで」ということわざがあります。

これは、「3歳頃までに人格や性格は形成され、100歳までそれは変わらない」という意味です。幼児教育もいいでしょう。でも人格や性格によい影響を与えるのは、やっぱり「笑い」ではないかなと僕は思うのです。

子どもを全力で笑わせることで、「不快の輪」を広げない人間に育てる

関根家では、冷静沈着でクールなタイプの妻が、母親として基本的なしつけやマナーな

どを麻里に教え、父親の僕は「笑い」を提供するという教育方針でした。

それはもう、毎日狂ったように麻里と一緒に遊んで笑わせていました。

例えば、学校で友だちとのイザコザがあった。先生と何となく気まずくなった。でも家に帰ったらお父さんとお母さんがフォローしてくれて、お父さんはいつも寝る前のルーティーンでバカなことをやってくれたから、すごく楽しかった。すると、すべての不快な感情がリセットされて、翌日はまた爽やかに登校できるわけです。

ところが、帰宅しても両親との会話もなく、楽しいこともなく、逆にガミガミ言われてもっと気分が落ち込んだり、イラだったりしたら、翌日までその不快な感情を持ち越してしまいます。そんな状態で、学校に行って誰かと肩がぶつかったら、「何よあんた！」と言ってしまったり、ごめんと言われても「フン！」という態度をとってしまうかもしれない。すると今度は、その相手が不快になってしまう。

そうしてどんどん「不快の輪」が広がっていく――自分の娘を、その発信源にしたくない、そこで「大丈夫だよ」と笑って返せる子どもになってほしい。そんな思いで僕は毎日、麻里が持ち帰った不快感を笑いですべて吸収し、リセットすることを心がけました。

無言でも相手を緊張させたり、気を遣わせる人っていますよね。

「麻里ちゃんが来ると、何だか空気が暗くなるんだよね」

ではなくて、

「麻里ちゃんが来ると、楽しくなるね」

と言われる人間に育てたかったんです。

だからもう、バカなことばっかりやって遊んでいました。

例えば「ケツケツダンス」。お風呂上がりにお尻とお尻をぶつけて「ケツケツケツケツ、ケツケツダ〜ンス」と踊るだけ。あとは「乳首探しゲーム」。パジャマ姿で横たわっている僕の鼻を麻里が押すとスイッチが入り、僕がロボット声で「ミギノ、チクビヲ、サガセ」などと言い、麻里がパジャマの上から乳首だと思うところを押す。間違うと「ブー」、正解だと「ピンポン」と言うだけ。でも子どもって同じ遊びを何度も繰り返すので疲れちゃうんですよ。それで壊れたマネをすると、首のところをガチャガチャいじったフリをして「あ、直った！」と麻里がアレンジしてくるわけです。そして麻里を寝かせるためにベッドに入れてから、昔話の「桃太郎」にアレンジを加えて40分くらいしゃべっていました。

とにかく眠る直前まで、僕は全力で麻里を笑わせていたのです。

「親の背中を見ろ」はもう古い。愛情は言葉にしないと伝わらない

そんな遊びを通して麻里に教えたかったのは、

「人生って楽しい」

「生きているって楽しい」

ということと、

「生まれてきてくれてありがとう」

という僕の思いでした。

「お父さんとお母さんは、麻里が生まれてきてくれて本当にうれしいんだ」ということを、ちゃんと言葉にして伝えないと、子どもはわからないものです。「父親の背中を見ろ」なんてよく言いますが、それでは伝わらないでしょう。

麻里が小学校3年生のとき、「そろそろいじめなんかも出てくる頃かな」と思い、僕はこのように言いました。

「いい？　お父さんはね、麻里のためなら死ねるんだよ。例えば麻里が重度の心臓病で、僕の心臓を移植すれば治りますがどうしますか？　と聞かれたら、最後まで説明を聞かずに『お願いします』と言える。そういう覚悟で生きているんだよ。だから、とにかく困ったことがあったら何でも言ってほしいの。よく、学校でいじめられているのに親に心配かけたくないと黙っている子どもがいるけれど、黙っているから追い詰められちゃうんだよ。だから絶対に言ってほしい。君たちよりも、お父さんお母さんは人生経験が豊富で、解決策も浮かんでくるから絶対に言ってほしい」

するど、麻里はちゃんと「わかった」と言ってくれました。

ちなみに「君のためなら死ねる」というのは、漫画「愛と誠」に登場する岩清水君という男子生徒から学んだ言葉です。

じゃあ僕自身がそういう育てられ方をしたかというと、そうでもないと思っていました。消防官だった父は晩年病気がちで、体調が芳しくなかったにもかかわらず定年後も働いていたので、当時の僕は「働くのが好きなんだな」くらいにしか思っていませんでした。

そんな父が75歳で他界した後、自作の短歌が見つかったのですが、その中に「老妻は働かなくていいと言うけれど、末子の就職のとき、父の欄に無職と書かせるのは虚しい」という意味のものがありました。

父が体調不良でも働いていたのは、僕のためだった。それなのに僕は消防官にもならず、芸能界に入った。それでも何も言わなかったのだ……。

「ああ、親父はそういう気概で生きていたんだな」

僕は父親から、それほど深い愛情を受けていたのだと亡くなって初めて感じました。

しかしやはり、言葉にしなければ愛情は伝わりにくいと思います。

テレビでよく、新橋駅前のお父さんたちにインタビューしていますよね。

「愛していると、奥さんに言ってますか？」

すると大抵のおじさんたちは、

「そんなの言えないよ～。言わなくてもわかるだろ～」

と答えます。でも後日、奥さんに聞くと「わからない」と言っているんですよね。

照れている場合じゃない！　大事なことは言わなくちゃ。

日本は伝統的に「言わぬが花」とか「察してくれ」という考え方で、はっきり言うのは欧米式だという観念はもう捨てましょう。

でもあまりにも毎日、しょっちゅう、しつこく、麻里を愛していることを言い続けていたら「もうわかったから」とウザそうに言われるようになってしまいましたけどね。

麻里に行なった関根流・性教育は欧米のエロ映画で学んだ

僕は麻里が小学校5年生のときに、スウェーデン式の性教育もしました。インターナショナルスクールに通っていたので、それくらいのことを伝えてもいい時期だと思ったからです。スウェーデンでは中学校の授業で、模型を使って性交の仕方を教えたり、コンドームのつけ方もきちんと教えています。高校時代に観たドキュメント映画より学びました。僕はそれに倣って、言葉で麻里にこう教えました。

「動物は子孫を残すためにのみ生殖行為をする。人間も動物だから結婚をして生殖行為をする。でも人間の脳は発達しているから、生殖行為以前に相手を好きになって、愛し合って、スキンシップをする。その延長線上にセックスがあるの。でもそれは子どもを作るためではなくて、愛情表現の究極の形としての行為だから、絶対に避妊をしなさい。そのとき、避妊をイヤがるような男だったら絶対に拒否しなさい。自分を守らなきゃダメだよ」

麻里はとても真面目に聞いてくれました。

ちなみに僕は、欧米式の性教育を受けています。

高校生の頃、地元近くにあった映画館に、よくスケベな映画を観に行っていました。受付の人もいないからスルッと入れるし、学生は１００円で３本鑑賞できるので、スケベなのにモテない僕にはうってつけでした。その３本の成人映画のうち、１本か２本がスウェーデンやドイツの性教育映画なんです。男女の裸は映し出されますが、ちゃんとした性教育で、ＳＭプレイについても「相手がイヤがった場合は絶対に行うべきではない。相手が同意したときのみ成り立つことです」と教えてもらいました。他にも「男性はすぐに冷めるけど女性は冷めない」という快感曲線のこととか、排卵日の仕組みとか、とにかくすごいんです。

もちろん当時はスケベな目的でしたが、そんな映画を何本も観たおかげで、避妊は完璧にできたし、麻里にしっかりとした性教育をすることができました。

でも麻里とはいつもふざけていたので、おそらく親から教わっているという意識はなく、年上の遊び仲間から聞いているという感覚だったと思います。

「アンタと一緒にすんな！」と叱られ……子育ては時には失敗もある

麻里の教育では、失敗したこともあります。

僕は勉強ができなくても親から注意されたことがなかったので、麻里がどんな成績を取っても叱らず、努力はしたのかという話だけをして、「次はもっと頑張ろうね」と言おうと決めていました。

ところが、ずっと成績がいいんですよ。妻は常に成績優秀だったので、おそらくそっちに似たのでしょうね。

ただ妻は頭がよくて真面目なタイプだけに、麻里に何となくプレッシャーをかけているのではないか、だから無理をして優等生をやっているのではないかと、どこかでちょっと心配していたのです。

麻里は高校卒業後、自ら希望してアメリカの大学に留学しました。

「留学なんかして、大丈夫かな……」と心配していたある日。アメリカの麻里から電話がかかってきて、こう言うのです。

「リポートが書けない。消えてしまいたい……」

僕はここぞと思い、

「もういいんだよ。優等生の仮面を外して楽になりなよ。赤点でもいいよ」

と言ったところ、

「オヤジと一緒にすんな！」

と怒られて終わり。もう大失敗。おまけに妻にまで言いつけられ、大笑いものです。

勉強や進学に関してはすべて妻にまかせていて、僕は口を出したことはありません。

妻は中学生のときにアメリカ人のシスターと仲良くなって話をするようになったことで英語がしゃべれるようになり、それが社会に出てからとても役に立った。そしてこれからは国際社会になるからという考えのもとに、麻里をインターナショナルスクールに入学させることに決めたようです。

そして人生において大事なことも、すべて妻が教えていました。

妻は、長男として生まれた優秀なお父さんと、優しくてしっかり者のお母さんに育てられた長女だから、意外としつけに厳しいタイプ。

僕は、ひとりっ子の父親と6人兄弟の末っ子の母親から生まれた末っ子なので、もうユルユル。正反対の性格を持つ親に育てられ、麻里はその中道を行けたのかもしれません。

お笑いが好きなところは僕に似てくれてうれしいのですが、礼儀正しいところは妻に似たようで、麻里が大人になってからはずっと叱られてばかりです。その大半は「よく噛んで食べろ」とか「食べているときに肘をつくな」とか「クチャクチャ音を立てて食べるな」とか、「物を足で蹴るな」とか……すべてマナーに関することです。

そういえば妻からも結婚当初、箸の持ち方について「子どもが生まれる前に直してください」と注意されて、直したことがありました。僕はそれまで箸をクロス持ちしていたのですが、あるとき実家に帰って両親を見たら、ふたりとも正しく持っているんです。なぜ注意しなかったのと聞いたら、「ちゃんと食べられているからいいかなと思って」と言ってましたけどね。やっぱり僕は、ゆる〜く育てられたのだと改めて思ったものです。

あ、注意されることがもうひとつありました。55歳で感謝の気持ちに目覚めて以来、僕は何かに気づくたび「ありがとう」と言って理由を伝えているのですが、妻からは、

「気持ちだけもらっておく」

と醒めた感じで返され、麻里からは

「気持ち悪いことを言わないでくれ」

と叱られています。

「お母さんのおかげだね」と言う。妻のフォローも子育ての一環

子育てにおいて、自分の子どもをフォローする人はたくさんいると思います。

しかし、子育てをするお母さんをフォローする人はなかなかいません。

共働きは別として、お母さんがずっと家にいる場合、一日の大半を母子で過ごすことになります。そこでお母さんが子育てのストレスを抱えていたら、そのストレスが子どもに降りかかってくるわけです。

だから僕は娘だけでなく、妻もフォローしてきました。

僕が帰宅すると、バカなことをやって遊んでくれる父親に向かって、麻里は走って飛び込んできます。そこからはもう、僕と麻里の世界です。すると妻は解放されて、自分の世界に入っていけるので、「助かった」と思っていたようです。

それだけではなく、専業主婦で社会との繋がりがない妻に対して、社会と繋がっている僕が間接的に評価をしてあげることも心がけていました。

例えば帰宅して部屋がきれいに掃除されていたら、麻里と一緒に

「わあ、きれいになっているね。気持ちいいね」

「お母さんが掃除してくれたよ」

と言ったり、ご飯を作ってくれたら、

「おいしいね。世の中には料理が得意じゃないお母さんもいるんだよ。そういう人は辛いよね。でもうちは料理の上手なお母さんでよかったね」

と言うのです。

言葉にしないと伝わらないのは、子どもも妻も同じ。そんなふうに間接的に「頑張ってくれてありがとう」と伝えてフォローしてきました。

そんな温かい言葉があれば、お母さんは頑張ることができるし、不満を溜め込むこともないのではないでしょうか。

もちろん妻自身に対しても、言葉にして思いを伝えています。

この間、

「生まれ変わったらまた付き合ってよ！　中学高校とモテないのは辛いから、僕の家の近所に生まれてもらって、３歳くらいから一緒に遊ぼうよ」

と伝えたら、はっきり「イヤだ」と断られましたけど。

娘の親となってより深まった、妻への愛。心から感謝を伝えたい

妻と知り合ったのは、僕が21歳、彼女が19歳のとき。

女嫌いの仮面を外して、しばらくしてからの出会い。とにかくモテず、心がねじ曲がりそうになっていた僕を救ってくれた妻には感謝しかなく、今でも深く深く愛しています。

そんな感謝と愛があるからこそ、子育てに奮闘する妻をフォローできたのだと思います。麻里が４歳の頃は、毎晩寝つくまで全力で遊んでいました。そのせいで疲れ果てて、いつも１時間くらいは麻里と一緒に寝てしまっていたのですが、ある晩、夜中に目が覚めて麻里の顔を見ながら、

「この子も将来結婚して、子どもを産むのかな。俺をおじいさんにしてくれるのかな

……」と、感慨に浸っていたとき、ふと、

「そういえば妻のことも、お父さんはこうやって見ていたんだろうな」

という思いが浮かんだことがありました。

自分が娘の親になって初めて、そんなことに気づいたわけです。

そして結婚式のときに、妻のお父さんが「この後はよろしくね」と手を握ったのは、僕へのバトンタッチだったのだと、やっとわかったのです。

僕は胸がいっぱいになって、妻が寝ている寝室へ行き、寝顔をずっと見ていました。

すると妻がフッと目を覚ましたので思わず、

「今日から俺が、第二のお父さんだからね」

と言ったところ、

「は?」

と言われて終わりました。

こっちはもう、新たな気づきに興奮して感極まっている状態だったけれど、妻には何のことやらわかりませんよね。なので、その後にきちんと説明をしたところ、そのときも
「ああ、そうなの」とクールな対応でした。

考えてみれば、僕も同じなんですよね。関根家に生まれ、母親が可愛い可愛いと育ててくれて、そのバトンを妻は受け取ったのです。

「だから麻里のことも、ふたりでそうやって育てていこうね」

最後にそう伝えると、妻は「わかったわ」と言ってくれました。

「育児休暇」は「育児研修」に。子育て経験はビジネスにも役立つ

僕は麻里が子どもの頃、とにかく毎日全力で一緒に遊んでいました。

自分の時間のほとんどを、麻里に捧げていたといっても過言ではありません。

でも世間の男性はきっと、同じことはできないと思う。

だって皆さん、忙しいでしょ？

麻里が生まれたとき、僕は31歳で、『欽どこ』のクロ子とグレ子の収録が週1回、あとはカックラキンの収録が2週に1回、コサキンのラジオは週1回でしたがスタートが深夜1時。つまりカックラキンがない週は、『欽どこ』の収録だけなので、すごくヒマだった

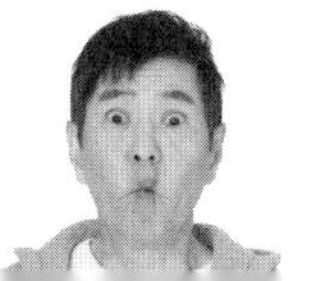

んです。

だからずっと娘の相手をすることができたし、学校の行事もすべて出席していました。仕事が忙しくなったのは、40歳くらいから。麻里が中学生になった頃にピークを迎えたので、ちょうど親が要らなくなる頃でした。中学1年や2年になると、ディズニーランドにも友だちと行くようになって、「やっと解放された！」と思ったものです。

毎日が多忙なサラリーマンは、「育児休暇」なるものを会社に申請するそうですね。でも「休暇」って、何だか会社をサボっているみたいに聞こえませんか？

だから僕は、「育児研修」という名称に変更すればよいと思っています。

育児って、特に最初の1年間は猛烈に大変。でもさまざまな経験を通して、人間的にも大きく成長できる好機でもあります。

それほど大変なことですから、育児研修を終えて会社に復帰したら、地位が上がるくらいにしておけばいいと思います。子育てを経験すれば、部下に対しての扱いもうまくなるはずです。会社で揉まれるよりも育児を経験したほうが人間的に成長できるだけでなく、子どもとの関係も奥さんとの関係もうまくいくようになります。すると離婚率も少なくなるでしょう。産んで育てても、愛を知らない子どもになってしまったら、世の中がダメになっちゃう。だから僕は、すべての子どもにまっすぐ育ってほしいと願っているのです。そのために必要なのは、やはり「三つ子の魂百まで」理論。子どもが生まれてから1年間は「育児研修」として有給扱い、そこから先の2年間は子育てのために会社を早退しなければならないというルールを作ってほしい。そうやって3歳まで子どもと一緒にいて愛情を注げばかなり違ってくるでしょうし、そこからは保育園にも行けますからね。

育児休暇を使って資格を取ろうという男性も多いそうですが、その気持ちはわからなくもありません。要するに自分が出世することによって、家族が経済的に豊かになるだろうという発想ですよね。確かに子育てはお金がないと始まらないという面もあるので、難しい問題です。国がもっと潤って、子育てにお金を十分割いていただければいいのですが。

僕の理想論を言うと、世界中が武器を捨て、戦争や防衛にかかる軍事費を子育て支援や育成に充てればいいと思っています。将来を担う子どものために、家庭だけは「安全地帯」にしたいものです。

育児をとことんやり切れば、子どもを気持ちよく送り出せる

麻里の人生における選択について、僕は一切反対したことはありません。

インターナショナルスクールに進学した時点で留学は覚悟していたので、心配ではありましたが快く送り出しました。仕事に関しては、以前から『世界ふしぎ発見！』のリポーターをやりたいと言っていたので、芸能界入りを決めたときも反対などせず、ダメならダメで他にも選択肢があるから好きなことやればいい、という思いでした。

恋愛や結婚についても、インターナショナルスクールの影響で世界中から結婚相手が来る可能性を考えていましたから、ミュージシャンのK君と付き合い始めたときも心から応援していました。願わくば少しだけでも日本語がしゃべれる相手がいいなと思っていたのですが、K君は日本語がペラペラだったので助かっています。

僕は、麻里が生まれてから中学生になるまでガッツリ遊び、たくさん会話を重ね、性教育まで施してきたので、すべて「やり切った」感がありました。

だからK君にも本当に気持ちよく、

「私は育て上げました。やりきりました。次はあなたですよ」

と、バトンを渡すことができました。

父親として、麻里には普通の女のコみたいに彼氏ができて、デートして……という楽しさを味わって、青春を謳歌してほしいとずっと思っていたので、やっと彼氏ができたときはとてもうれしかったし、結婚式も全然悲しくないし、うれしかったし、楽しかったし、泣かなかったですよ。愛犬が死んだときは泣きまくりました。それにすぐ近所に住むことになっていたし、国際結婚なので名前も変わらないし、K君が仕事のときは実家に来るだろうし……むしろ結婚して喜ばしいと思ったものです。

よく娘に「一生結婚しなくていいよ」「彼氏に会ったら殴ってしまうかも」なんて言うお父さん、いますよね。

実は「イワイガワ」の岩井ジョニ男君がそのタイプで、20歳の娘さんは彼氏がいることを「お父さんにいつ言おうか?」と悩んでいたそうです。

そこで考えたのが、ジョニ男君が毎日のように「今日学校どうだったの」「今日は何をしていたの」と聞いてくることを利用して、ある日「彼氏とデートしてたよ」とさりげな

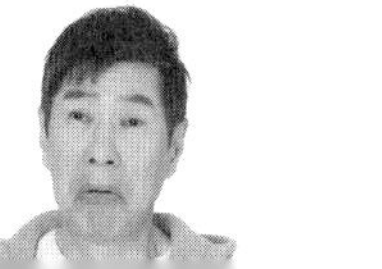

く言うという作戦。ところがジョニ男君はショックのあまり全身に蕁麻疹が出てしまったそうで……。以来、「その彼氏がピアスしていたらどうしよう」「刺青を入れていたらイヤだな」などと考えていたのですが、数日後に対面したら、とても真面目な青年だったので、一気に蕁麻疹が治ったそうです。

なぜ世のお父さんは、そんなふうになってしまうのか?

子どもがまだ幼い頃、お父さんたちはおそらく20代30代くらいなので、ちょうど脂が乗り始める超多忙期を迎えているわけです。朝食を一緒に食べて、日曜日にちょっと出かける……頑張ってもせいぜいそれくらいしかできませんよね。それから40代50代くらいになってやっと落ち着いてきたところで、「娘との思い出を作ろう」となったときには、もう彼氏にバトンが渡っていたりするわけです。

つまり、共に過ごした時間が少なく、子育てをやり切っていないんですね。

「ちょっと待ってくれ。俺にはまだ娘との思い出がないよ!」

という焦りの気持ちが、「嫁に行かなくていい」とか「彼氏を殴る」なんていう言動に表れてしまうのでしょう。

でもきっと、これが世間一般的なことで、僕の場合はかなり特殊なのだと思います。

だからね、やっぱり「育児研修」と「育児早退制度」が必要なんです。せめて3歳まで一緒に過ごしておけば、子どもを気持ちよく送り出すことができると思います。

ちなみに心理学者によると、いわゆる「ダメンズ」ばかり選んでしまう女性は、お父さんがダメ人間なのだそうです。「ダメな父親だな」と反抗したり拒絶したりしながらも、心のどこかに「ごめんねお父さん」という気持ちがあるから、お父さんと似たような人を選んでしまうのだとか。

僕とK君の顔はまったく違いますが、お互い末っ子で、彼のお父さんが警察官、うちは消防士なので、育った環境が似ているのだと思います。

できない子の目線で教える「補助先生」がいれば、学校はもっと楽しくなる

育児研修ついでに言えば、僕は「補助先生」という制度を各学校に取り入れていただきたいと思っています。

天才は何でもすぐにできてしまうから、他人にわかりやすく教えることができない。学

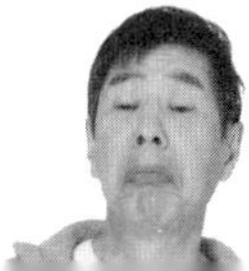

校の先生もその道では一流の人が集まっているから、ときに勉強のできない子どもの気持ちがわからない――ということを、第1章でお話ししましたよね。

そこを解決してくれるのが「補助先生」です。

つまり天才や一流の人だけではなく、すべてにニュートラルな人を補助として置いてもらいたい、ということです。

例えば「ずん」の飯尾君のように、音符どおりに歌えない生徒がいたとします。きっと授業中には、生徒たちからもクスクスと笑われて傷ついているでしょう。そこで補助先生の登場です。授業が終わった後に、

「授業ではうまく歌えなかったね。でも音楽は、音を楽しむということだからね。プロの人だって音符どおりに歌っていないのだから、好きなように歌えばいいんだよ。それで君の価値が落ちることはないんだから。君は野球もうまいし、友だちも多いし、そっちで頑張っていけばいい。だから逆に、君が得意な分野を苦手な誰かがいたとしても、バカにしてはいけないよ」

というふうに、自尊心を補ってあげるわけです。

体育の授業で跳び箱が跳べないときも同じです。体育教師は優秀だから「う〜ん……何

で跳べないの？」となりがちですが、補助先生ならば、

「君は今、３段までしか跳べなかったけれど、それはそれでいいんだよ。ただ、次は５センチ先に跳んでみようというふうに、自分の限界を少しずつ上げてみるといいよ。５段６段なんて飛ぶ必要ない。君の中でやっていけばいいんだよ。君はちょっと跳び箱が苦手かもしれないけれど笑顔がいい。だって君が来るとみんなが笑うよね。そういうところで君の価値を高めていけばいいんだよ」

と言ってくれるはずです。

自転車の補助輪のように、生徒の傷ついた心をフォローする先生。

できないからといって、人間の価値は決まらないと励ましてくれる先生。

そんな補助先生がいてくれたら、子どもは健全に育つと思いませんか？

できれば僕のように、赤点ばかり取ってきた経験があったりして、痛みを知っている人がいいですよね。

「ママもまんなか活動」でお母さんたちを応援したい

微力ながら、僕と麻里は「ママもまんなか」という政府の子育て支援活動をしています。そこでは「育児研修」や「育児早退制度」の話もしているのですが、今問題になっているのは、日本女性が「ヤセすぎている」ということです。

実は、世界でいちばんヤセているのが日本女性で、２番目は韓国。でも日本には、韓国の倍くらいヤセすぎの女性がいるそうです。

ヤセすぎていると体力や筋力が不足しているため、妊娠しても健康的に出産できる人が少なくなるわけです。さらに子どもが生まれても低体重児などの問題が起きるだけでなく、筋力がないために「抱っこ」もできなくなるそうです。

子育てはとてつもなく大変で、体力気力が勝負みたいなところがあるので、ヤセすぎだとすぐに疲れてしまい、疲れると「うつ病」を発症するケースも少なくありません。ちなみに育児中のお母さんの死因の第１位は、自殺。うつ病から死に至ってしまうのです。無理心中や子殺し、あるいは心を病んで施設に入ってしまうというケースも耳にします。

これから日本という国を背負っていく子どもたちにとって、これは深刻な問題です。

だから僕は、テレビ局も政府と協力して、若い女性の「ヤセているほうがカッコいい」という意識を変えていってほしい。だってパリコレでは、もう何年も前から「ガリガリ女性出演禁止」になっていますからね。

テレビでも「世界陸上」的な放送をどんどん増やして、健康美が素晴らしいということをアピールしてほしいです。ちなみに「ずん」の飯尾君は、太ももに筋肉のついた女性が大好きだそうです。僕もスピードスケート選手や競輪女子の太ももが好きです。フィジーク（※バランスの取れた筋肉量を競い合う、ボディビルのカテゴリのひとつ）くらい筋肉がついていてもいいな、と思います。

だから妊婦さんは、安全な出産をするためにも妊娠がわかったら鍛えてほしいんです。うちの妻も麻里も、妊娠中は水泳教室に通っていました。そうすると腰も楽になるし、筋肉も多少つきますからね。

妊婦の筋トレをぜひ奨励してほしいし、できれば義務にしてほしいです。だってペットボトルがあれば、自宅でも筋トレができるのですから。

韓流アイドルとかＬＤＨの人たちが「ペットボトルで鍛えている人が大好きです」と言ってくれたり、菅田将暉君とか北村匠海君あたりが「やっぱりママになったときに、ちゃんと抱っこできるようなたくましい女性がいいな」なんて言ってくれると、絶大な影響力があると思うので、よろしくお願いします。

孫にしつこく愛情を伝えるのは、自尊心を養ってもらうため

麻里がＫ君と結婚し、ふたりの女の子を産んでくれて、僕は「おじいちゃん」になることができました。

孫たちは、僕のことを「ドゥドゥ」と呼んでくれています。

僕の自宅と麻里の家は目と鼻の先なので、午前中に行って午後にも行って、合計すると週に10回くらい通っています。妻はもっとすごくて、麻里の家に行きっぱなし。「プライベートがない」と時々嘆いていますが、毎日何にもやることがないおばあちゃんよりずっといいし、きっと忙しくすることを背負って生まれてきた人なのだと思いながら、静観し

ています。

麻里が子どもの頃、僕は「遊び担当」でしたが、孫にとっても同様に「遊び友だち」として認識されているようです。

「娘さんとお孫さん、どちらがより可愛いですか？」

と聞かれることがあります。

もし、タイムマシーンで3歳の頃の麻里を現在に連れてきたら、今ちょうど3歳の下の孫と比べても、麻里のほうが可愛いと思うかもしれません。

けれど現実の麻里はもう39歳で、僕の頭の中では年齢ごとに書き換えられてきて「今」があるので、3歳だった麻里のイメージは薄らいでしまっているわけです。

一方、孫は現役の3歳なので、その可愛らしさで言えば麻里は勝てません。

それに、自分の娘が産んだ子どもだから、上乗せダブルの可愛さもあるんです。

その気持ちを伝えたくて、

「生まれてきてくれてありがとね。ドゥドゥは本当に幸せだよ」

と、孫たちにも言葉でしつこく伝えているのですが、

「もうわかったから。何回も聞いたから」

と、早くも注意されています。

でも、僕がこんなにもしつこく言うのには、ちゃんと理由があるんです。

今の世の中には、成長の過程で、

「自分はこの世に生きている価値があるのかな」

と思い悩み、自尊心を失ってしまう子どもが増えてきているようです。

子どもの自殺が急増しているのは、ここに問題があるからだと僕は思っています。

だからこそ、

「あなたが生まれてきてくれて、僕たちはこんなに喜んでいる」

「だから価値があるんだよ」

ということを知らせたくて、言い続けているわけです。

「私は生まれてきてよかった」

「私は価値のある人間だ」

と思うことができれば生きる自信に繋がるし、ちょっとくらいのストレスにも負けずに生きていける人間になれる。僕はそう信じています。

孫にとって僕は、ストレス解消グッズ。昔の知識を与えることもでき一石二鳥

僕が今、最高の幸せを感じるのは、孫たちと遊んでいるときです。

孫がもっと小さい頃は、僕が麻里の家に毎日通ってお風呂に入れていましたし、今も一緒に入浴してはお風呂の掃除もしています。

孫たちも麻里と似て、とにかくバカバカしいことが大好きなので、毎日のように遊んでいます。この間やったのは「ヌートバーごっこ」。僕が「ゲストをご紹介します。ヌートバーです！」と言いながら登場し、「ヌートバー、ヌートバー」と言いながら歌って踊るだけ。孫たちはそれを見て一緒に踊っています。

今ハマっているのは、家族で何回も観に行った「アレグリア」ごっこ。孫の逆立ちを僕が支え続けるのですが、結構体力を消耗します。

麻里にもやっていた昔話「桃太郎」のアレンジ版読み聞かせもやっています。でも、麻里は黙って聞いていたのに対して、孫は途中で「そこでお尻は出てこないの?」とか「う

んちの話して！」などといろいろなリクエストをしてくるので、話が続きません。すごくやりにくいのですが、お尻やうんちを入れてまた続けています。

僕はここでも、情報の速さという時代の変化を感じました。35年前の麻里の時代とは、あきらかにスピードが違うから、話の展開をゆっくり待てないんですよね。ボケまでちゃんと用意してあるのに、全然披露できずに終わることがしばしば。しかしそれも孫たちの個性だと認めています。

麻里も麻里で、孫たちがもっと小さい頃からいろいろな芸人さんのギャグを教え込むという「笑いの英才教育」をしていました。あるとき、ビートたけしさんの前で孫が「何だバカヤロウ!」を披露し、お小遣いを1万円いただいたことがあるほどです。

こんなふうに毎日孫たちと遊んでいて、実はひとつ、わかったことがあります。

それは、「年寄りと暮らしていると孫たちの知識が増える」ということです。

だってね、令和生まれの孫が尾藤イサオさんの『悲しき願い』を歌えるんですよ? 僕があるイベントで歌うために練習していたのをずっと聞いていて、覚えたらしいのです。3歳の子どもが「だ~れのせ~いでもありゃしない~」と歌っている様子、想像できます? 可愛いやらおかしいやらで、最高です。

今の時代のことは自分たちでキャッチできますが、年寄りといると時代を超えた情報もキャッチできるわけです。自分が生まれた時代と、お母さんの時代と、僕の時代。三世代にわたる情報を知ることができるから、知識が増えるんです。

「ドゥドゥと遊んで楽しかったな。さあ、寝ようっと」

孫たちにとって、僕はそんなストレス解消グッズのような存在だと思っています。

でも不思議なんですよ。麻里と一緒にディズニーランドへ行っていたときはアトラクションの待ち時間がとても辛かったのに、孫が相手だとそこまで辛くないんです。これは、30代から70代になったせいでしょうか。30代はエネルギッシュだったので待ち時間にイライラしていたのかもしれません。70代の今は少し枯れているので、孫と手を繋いでイエイイエイやっていると楽チンで、すぐに時間が経っていきます。

今は、孫たちが将来どうなっていくのか、楽しみで仕方がありません。もし芸能界に入りたいと言い出しても、反対はしないでしょう。やりたいのであればやってみればいいと、麻里のときと同じように思っています。

娘と孫に伝えたい。何歳になっても、自分次第で人生は楽しくできる

若い頃は仮面をつけたり、逃げ道を作ったり、イヤなスタッフに腹を立てたり、収録中にも腹を立てたりしてきた僕ですが、そのすべてが学びとなって、今では「関根さんを嫌いな人はいない」と言われるまでになりました。

クドくて気持ち悪いところはまだ残っているし、今でもグラドルのチェックを欠かさないほどスケベな一面もありますが、振り返ってみればいつも楽しかったし、今も「楽しい」が進行中です。

麻里がいたときは、一緒に遊ぶことや成長を見るのが楽しくて。

劇団では、稽古がずっと楽しくて。

普段の仕事も、大好きな芸人さんたちと会えるのが楽しくて。

孫たちと遊ぶことが、何よりも楽しくて。

だから、毎日が楽しくて仕方ないのです。

娘や孫たちに伝えてきた
「人生って、楽しい」

「生きているって、楽しい」

ということを、僕自身が実践できているのは、本当に幸せなことだと思います。

そしてこれからも妻と、娘と、孫と、それにK君と一緒に、人生を、毎日を楽しんでいきたいと思っています。

いつも楽しい気持ちでいられる人って、嫌われませんよね？

娘・関根麻里より、あとがきに代えて

「私の父親は、テレビに出る仕事をしているらしい」

物心ついた頃からそんな認識はありましたが、特別に感じたことはありません。きっと、国籍も言葉も宗教も異なる子どもたちが集うインターナショナルスクールに通っていたおかげで「みんな違って当たり前」という意識が根づいていたのでしょう。

父が「カマキリ男」を演じていた時代は、どうやら全国の皆さんから嫌われていたようで、本人が「あの当時、抱かれたくないランキングがなくてよかったよ」と言うほど、ギラつきがすごかったみたいですね。

その頃から、私にとって「カマキリ男」＝「父親」（「パッチン」と呼んでいました）だったわけですが、幼い頃は毎日全力で遊んでくれる「楽しいお父さん」にすぎず、友だちにも大人気でした。全力で遊んでくれる大人って、なかなかいませんからね。

しかしあるときから「この人、ちょっと変だぞ」「普通の父親と違うぞ」と気づきました。キッカケは、「オレはフロントフリップ（前方1回転）ができるんだ！」と言って見

せられたのが、奇妙なでんぐり返しだったことだと思います。

「あれ？　こいつ……ダサい、こいつ……おかしい」

そこからさまざまなことが重なって、だんだん「ギラついた気持ち悪いヤツ」という認識になっていったような気がします。

もうひとつ忘れられないのが、高校生の頃の出来事です。

「校門前に、全身蛍光オレンジの服を着た不審者がいるので気をつけよう」という噂が学校中に広まったことがありました。ある日、下校しようとしたら、その不審人物が校門の前に立っているのが見えてドキッとしたのも束の間、どんどん私のほうへ近づいてきて、こう言ったのです。

「おお、麻里〜！」

何とそれは、父でした。あのときは本当に恥ずかしかったですね。全身蛍光オレンジの服は、犬の散歩用のレインウェアでした。

それでも私と父は、いつも笑い合っています。でんぐり返しが気持ち悪かったときも、不審人物と言われて恥ずかしかったときも、腹を立てたり気まずくなったりすることなどなく、ふたりで大笑いしていました。

そんなふうに生きてこられたのは、父が私の中に「楽しさ貯金」を積み立ててきてくれたからです。

父と一緒に遊んだこと、父が言葉で伝えてくれた愛情は、私の中に楽しい思い出として貯金されています。今まで悲しいことや辛いことにぶつかったときも乗り越えてこられたのは、そんな「楽しさ貯金」のおかげ。父が私に「人生は楽しい」とプログラミングしてくれたように、私も娘たちと毎日楽しく過ごして、「楽しさ貯金」を積み立てていきたいなと思っています。

そして父もまた、常に「楽しさ」をキャッチするアンテナを立てて傍受しています。大好きなテレビを毎日何時間も視聴しては「面白い」を見つけるのも、笑わせてくれた芸人さんに「面白かったね！」と伝えるのもその一つです。

テレビで見て気になった人がいると、先輩後輩とか、よその事務所であるといったことなど考えず、ガンガン楽屋に入っていくらしいです。皆さんびっくりされているようですが、特に若手の芸人さんは「ええ⁉　関根勤が楽屋に⁉」とビビるでしょうね。

でもその目的は、ただ「面白かったよ」と伝えたいだけ。だから必ず相手をホメます。すると最初は驚いていた相手も、芸歴や立場など関係なく接してくれる人なのだと理解してくれるようです。

「関根さんを嫌いな人っていないですよね」

私も父について、方々でそんな話を耳にします。

そういえば父は、自身が座長を務める劇団でも、独壇場でネタを作っていくようなことはしていません。私はかなり幼少時から劇団の公演を観ていましたし、途中からは団員として出演もしていたのですが、父はいつもメンバーの意見を聞いて参考にしながら、「みんなで一緒に」ネタを作り上げていくという感じでした。面白いアイデアが出ればすぐに「それいいね！」と返したり、個人個人の長所を見つけてホメるだけでなく、どうやって伸ばしていくかということを常に考えていました。おまけにコワさも威厳もないので、後輩芸人にとっては自分の可能性を試すことのできる環境なのではないかと思います。

関根勤が後輩芸人に好かれる理由は、こうしたところにもあるような気がします。

父はまた、年長者にも可愛がられてきたようです。

本人は「俺はいつも空気を読んで行動している」と言っていますが、私からすれば「紙一重」というところ。もちろん、仕事の現場では全方位を観察して空気を読んでいますが、プライベートでは読めていないというか、読もうとしていないのでは？と感じるほど鈍感な面があって、周囲がヒヤッとするような言葉を口に出したり、偉い立場の方にも躊躇なくストレートに質問したりしています。

でもそうした姿勢が年長の方との壁を取っ払っているようで、可愛がられてきたのかもしれません。

もし私が「父はなぜ嫌われないのか?」と聞かれたら、答えはひとつしかありません。それは、

「父が持つすべての感覚が、小学生男子（しかも低学年）だから」

本人は「オレの脳は中2で止まっている」とよく言っていますが、私から見ればもっと子ども。赤ちゃんと言ってもいいくらいです。大人と真面目な話をするよりも、子どもと遊んでいるほうが楽しい、みたいな感じです。

子どもというのは、誰かを攻撃しようという気持ちがなくて無害だし、守ってあげなければと周囲が心配しちゃうし、失敗しても許される存在です。だから父も「ああ仕方ないなあ」「やれやれ」と相手に思ってもらえる部分があるのではないかと思うんです。まあ可愛くはありませんが、劇団でもそんな雰囲気です。

座長というのは本来、団員を引っ張っていくものなのに、父の場合はその逆。周囲の方々がしっかりしているからこそ地位を保てているという、珍しいタイプの座長だと思います。

そんな子どもっぽい父ですが、芸能界の先輩として「すごいな」と思うところがあります。

例えばどなたかにインタビューをする仕事があるとして、私は時間と場所もさることながら、相手の経歴や情報などを事前にしっかり調べてから仕事に臨んでいます。ところが父は、何の仕事かわからないまま現場に行くことが多いんです。

「特番の仕事だったんだけど、インタビューかと思ったらMCだったよ」

「都内のロケと思ったら、地方だったんだよね」

なんて言っていることがよくあります。

「とりあえず行く」って……でも、そうしたある種の「鈍感さ」と対応力があるからこそ、50年以上経過した現在でも芸能界で活躍できているのでしょうね。

おかげさまで皆さんに好かれ、支えられ、小学生男子のように伸び伸びと楽しく生きている父と共にいられるのはうれしいことです。

ただ……もう70歳になるのに全然落ちつきがないし、「大御所感」がまったくないというのが気になります。

芸人ですから、おちゃらけるのは大事です。おそらく周囲の方々は、そんな大御所感のないところや親しみやすさを評価してくださっているのでしょうが、一歩間違えれば「無責任」ということにもなりかねません。まあ今のところそうはなっていないので、「みんなに愛されててよかったね」という感じです。

父は、本当に周囲の方々に恵まれています。

周囲のサポートがあってこそ成り立っている人です。

関根勤の娘として、皆さまには感謝しかありません。

これからも、「気持ち悪い昆虫じじい」こと「関根勤」をよろしくお願いいたします。

関根　麻里